本书获“湘潭大学商学院学术著作出版资助”

国有企业改革难点突破研究

GUOYOU QIYE GAIGE NANDIAN TUPO YANJIU

刘巨钦 等◎著

湘潭大學出版社

序　言

我国的国有企业数量多、体量大，是国民经济中起主导作用的市场主体，是国家财政收入的重要来源，是保障就业的重要力量，是国家经济安全的重要保障，是重要公共产品的主要提供者，是中国特色社会主义的重要物质基础和政治基础，是中国共产党的“执政基础”，是培育具有全球竞争力的世界一流企业的主要承担者，是我国许多重大技术创新的主体。国有企业在我国经济社会发展中承担着极其重要的经济责任、政治责任和社会责任。

截至2018年末，全国共有国有控股企业24.2万个。根据2018年第四次全国经济普查结果，国有控股企业数量仅占全部企业的1.3%，但从业人员占全部企业的15.7%，资产总计和营业收入分别占全部企业的57.9%和28.1%，国有控股企业仍然是国民经济发展的中坚力量。

中国企业联合会和中国企业家协会发布的2019年中国企业500强名单则显示：国有企业数量为265家，占比为53%，营业收入前十名均为国企。

根据国际货币基金组织的统计，在全球所有大型企业所拥有的资产中，国有企业所拥有的资产占20%，而这20%的资产中，约四分之三是中国的国有企业。

在美国《财富》杂志公布的2019年度世界500强企业中，中国上榜129家，其中，国有企业上榜88家，中国石化、中国石油、国家电网有限公司分别位居榜单的第二、四、五位。

2018年9月28日，习近平总书记在东北三省调研时强调："国有企业地位重要、作用关键、不可替代，是党和国家的重要依靠力量。"（《习近平总书记调研东北三省并主持召开深入推进东北振兴座谈会纪实》）

党中央历来十分重视国有企业改革与发展问题，作出了一系列重大的制度安排，出台了搞好搞活国有企业的一系列重要政策，有力地促进了国有企业的改革与发展，明显增强了国有企业的发展活力和市场竞争能力。应该说，我国的国有企业面貌发生了较大的变化。但总体来看，国有企业的改革与发展并不令人满意。

2013年，习近平总书记在《关于〈中共中央关于全面深化改革若干重大问题的决定〉的说明》中明确指出："经过多年改革，国有企业总体上已经同市场经济相融合。同时，国有企业也积累了一些问题、存在一些弊端，需要进一步推进改革。"2016年7月4日，全国国有企业改革座谈会在京召开，习近平总书记作出重要指示强调："国有企业是壮大国家综合实力、保障人民共同利益的重要力量，必须理直气壮做强做优做大，不断增强活力、影响力、抗风险能力，实现国有资产保值增值。""各级党委和政府要牢记搞好国有企业、发展壮大国有经济的重大责任，加强对国有企业改革的组织领导，尽快在国有企业改革重要领域和关键环节取得新成效。"

那么，国有企业的主要问题在哪里？笔者认为主要表现在以下几个方面："婆婆"管得太多，政企不分、政资不分；行政化管理倾向严重；企业法人主体地位不明；市场传导机制严重失灵；内部管理机制不活：三项基本制度行政化、政府机关化倾向严重；主营业务不强不优不大；集团内部管控边界不清；监督管理体系时常失灵；职业经理人机制、人才缺乏，企业家官员化倾向严重；经营机制僵化；奖惩机制弱化；形式规范，程序烦琐，管理粗放，效益低下，市场竞争力弱化。因此，加快和深化国有企业改革迫在眉睫。

党的十八大以来，党中央、国务院高度重视国有企业改革，加快了我国国有企业改革的速度，加大了国有企业改革的力度、广度、深度。2015年8月24日，中共中央、国务院发布了《关于深化国有企业改革的指导意见》，这是新时期指导和推进国企改革的纲领性文件。此后，党中央、国务院、国务院国资委就如何在深化国有企业改革中坚持党的领导、加强党的建设、如何进一步完善国有企业法人治理结构、如何在国有控股混合所有制企业开展员工持股试点、关于改革国有企业工资决定机制、关于推进国有资本投资、运营公司改革试点、中央企业工资总额管理办法、关于改革国有资本授权经营体制、关于进一步推动构建国资监管大格局、关于中央企业加强参股管理、百户科技型企业深化市场化改革提升自主创新能力、“双百企业”推行经理层成员任期制和契约化管理等国有企业改革中的重大问题制定并发布了一系列重要的政策文件，这些政策文件一步步把国有企业改革引向深入。

需要特别指出的是，2019 年 12 月 30 日中共中央发布了《中国共产党国有企业基层组织工作条例（试行)》。2020 年 6 月 30 日中央全面深化改革委员会第十四次会议审议通过了《国企改革三年行动方案（2020—2022 年)》，会议指出，今后 3 年是国企改革关键阶段，要坚持和加强党对国有企业的全面领导，坚持和完善基本经济制度，坚持社会主义市场经济改革方向，抓重点、补短板、强弱项，推进国有经济布局优化和结构调整，增强国有经济竞争力、创新力、控制力、影响力、抗风险能力。可以说，《中国共产党国有企业基层组织工作条例（试行)》的颁布，为我国国有企业改革指明了正确的政治方向，提供了坚强的政治保障；《国企改革三年行动方案（2020—2022 年)》的实施为我国国有企业改革规划了科学的行动指南，提出了更高的奋斗目标，是党中央面对着复杂的国际国内政治经济环境和日新月异的第四次产业革命作出的重大的战略决策，吹响了新一轮国企改革的冲锋号，发出了深化国企改革的动员令，标志着我国的国有企业改革进入了攻坚克难的新阶段，具有重大的现实意义和深远的历史意义。

刘巨钦

2022 年 4 月

目　录

第一章　国有企业基本情况

在全球所有大型企业所拥有的资产中，为国有企业所拥有的资产占20%；而这20%的资产中，约四分之三是中国的国有企业。第四次全国经济普查结果则显示，截至2018年末，全国共有国有控股企业24.2万个，比2013年末增加2.4万个，增长10.9%。国有控股企业数量仅占全部企业的1.3%，但从业人员占全部企业的15.7%，资产总计和营业收入分别占全部企业的57.9%和28.1%，国有企业仍然是国民经济发展的中坚力量。

由于历史发展的原因，我国的国有企业产业分布点多面广线长，经济体量大，所处行业重要，往往事关国计民生，吸纳就业人口多，社会影响面广，对国民经济与高新技术的带动与引领作用强。国有企业是中国特色社会主义的重要物质基础和政治基础，是中国特色社会主义经济的“顶梁柱”，是引领国家经济发展的“国家队”。国有企业肩负着重大的经济责任、政治责任、社会责任和培育具有全球竞争力的世界一流企业的历史使命。为此，国有企业需要不断增强国有经济活力、控制力、影响力、抗风险能力。

我国的国有企业如果从发展水平和发展质量来看，央企经济体量和影响力、控制力最大，江苏、浙江、广东、上海等省市国企发展水平相对较高，中西部地区的国企发展质量和发展水平差别不大，且相对落后，故在本书的研究中，选取湖南省的国有企业作为中西部地区国有企业的代表。

一、国有企业及国有资产分布情况

1. 国有企业按经营规模分布情况

（1）全国国有企业按经营规模分布情况

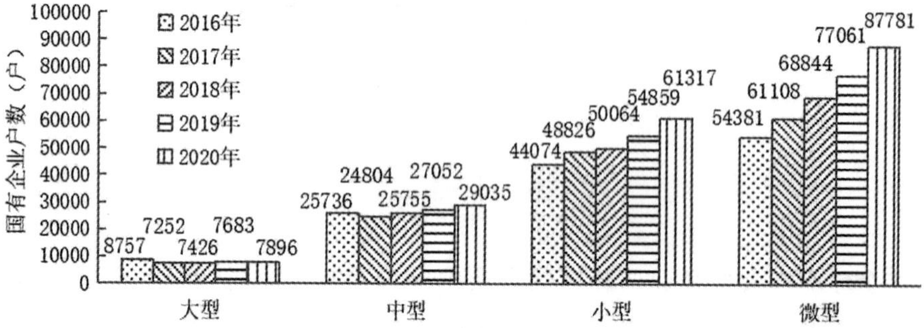

图 1－1　2016—2020 年全国国资系统监管企业按经营规模（企业户数）分布情况

截至 2020 年，全国国资系统监管企业的经营规模分布以小、微型为主，小、微型国企数量约占全部企业总数的 70%，且呈加速增长的发展态势。

（2）江苏省国有企业按经营规模分布情况

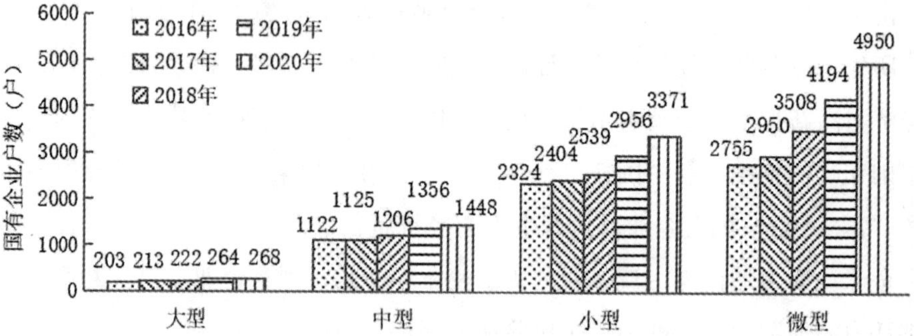

图 1－2　2016—2020 年江苏省国有企业按经营规模（企业户数）分布情况

江苏省国有企业数量总体呈现加速增长的发展态势，以小、微型国有企业居多，微型国有企业数量增速最快。至 2020 年底，小、微型国有企业户数占该省全部国有企业户数的 80% 以上。

（3）湖南省国有企业按经营规模分布情况①

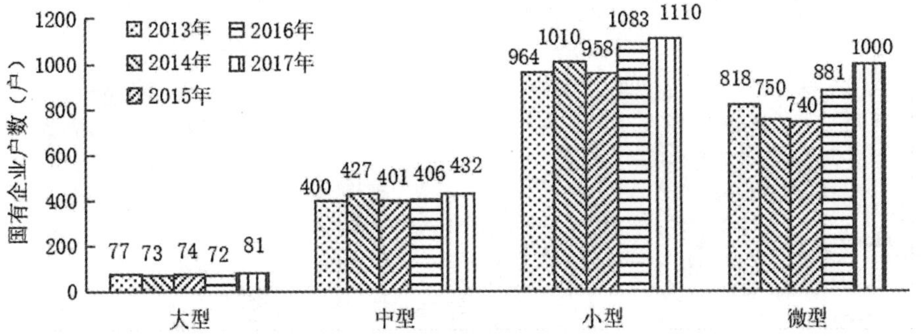

图 1－3　2013—2017 年湖南省国有企业按经营规模（企业户数）分布情况

2013—2017 年，湖南省国有企业的经营规模分布以小、微型国企为主，小型国企数量占比相对更多，小、微型国企数量较多且增长较快；中型国有企业数量相对较少，并呈现一定的增长趋势；大型国企数量少且增长缓慢。

2. 国有资产按经营规模分布情况

（1）全国国资系统监管企业国有资产按经营规模分布情况

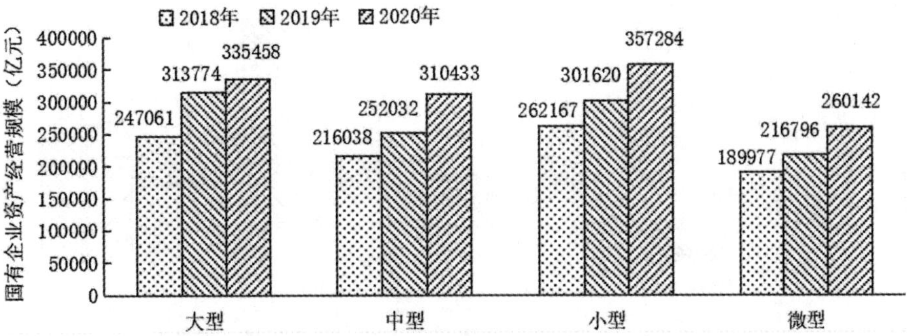

图 1－4　2018—2020 年全国国资系统监管企业国有资产按经营规模分布情况

2018—2020 年，我国国有企业国有资产总量增长近 40%，各规模类型国有

① 数据来源：中国国有资产监督管理年鉴。其中湖南省国有企业规模结构（企业户数）分布只统计到 2017 年，2018 年及以后没有企业户数关于规模结构的详细分布数据。

企业国有资产总量均呈现显著增长态势。

（2）江苏省国有资产按经营规模分布情况

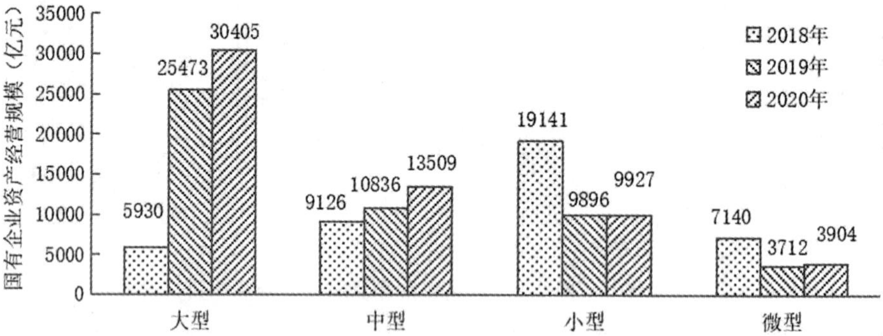

图 1－5　2018—2020 年江苏省国有资产按经营规模分布情况

2018—2020 年，江苏省国有资产总量显著增长，大型国有企业的国有资产迅速增加，中、小型国有企业的国有资产整体骤减。截至 2020 年底，江苏省国有资产主要分布于大型国有企业。

（3）浙江省国有资产按经营规模分布情况

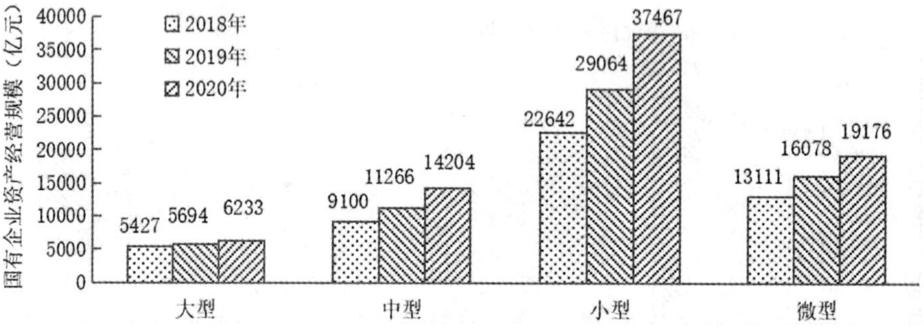

图 1－6　2018—2020 年浙江省国有资产按经营规模分布情况

2018—2020 年，浙江省国有资产总量迅速增加，主要分布于小、微型国有企业。截至 2020 年底，小、微型国有企业国有资产占比为 73.49%。

（4）广东省国有资产按经营规模分布情况

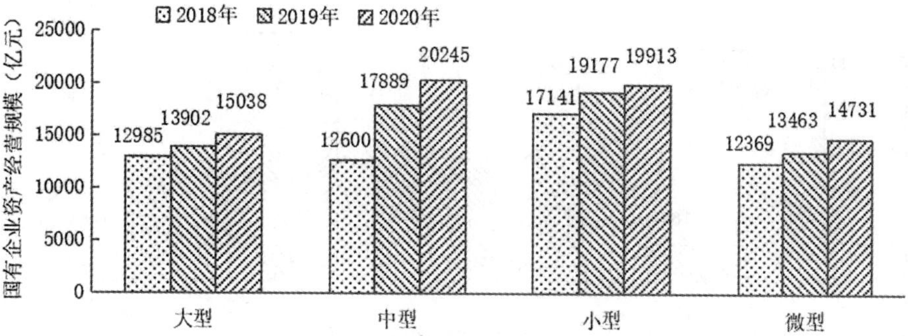

图 1－7　2018—2020 年广东省国有资产按经营规模分布情况

2018—2020 年，广东省国有资产总量持续增加，主要分布于中、小型国有企业。各规模类型国有企业中国有资产分布较为均衡，且均呈现逐年递增趋势。

（5）上海市国有资产按经营规模分布情况

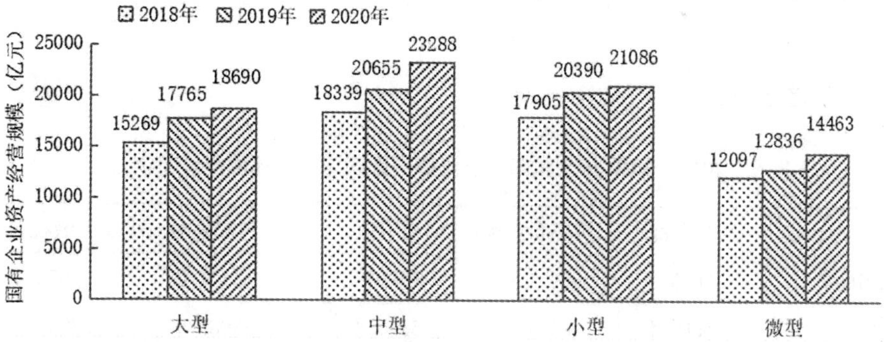

图 1－8　2018—2020 年上海市国有资产按经营规模分布情况

2018—2020 年，上海市国有资产总量较大且分布相对均匀，在中、小型国有企业中分布较多，在微型国有企业中分布较少。

（6）湖南省国有资产按经营规模分布情况

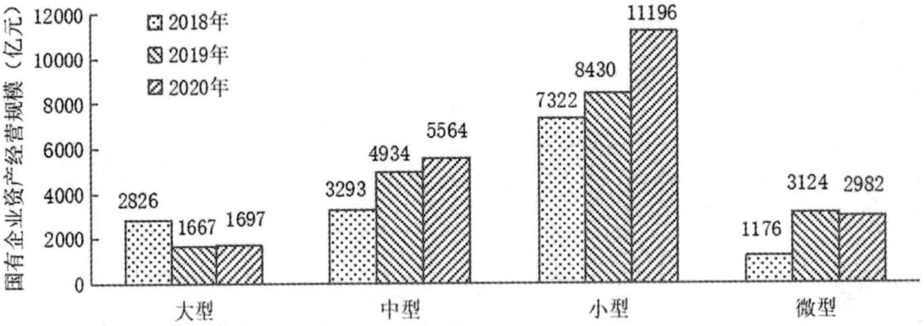

图1-9　2018—2020年湖南省国有资产按经营规模分布情况

2018—2020年，湖南省国有资产总额显著增加，主要分布于中、小型国有企业，且有进一步增长的态势。国有资产在大、微型国有企业中分布较少，且在大型国有企业中，国有资产总额呈现总体减少趋势。

二、国有企业资产运营情况

1. 全国国有企业资产运营情况

表1-1　2016—2020年全国国有企业资产运营情况（单位金额：亿元）①

年份	资产总额	资产负债率	营业收入	利润总额	上缴税费
2016年	1317174.5	66.1%	458978.0	23157.8	38076.1
2017年	1517115.4	65.7%	522014.9	28985.9	42345.5
2018年	1787482.9	64.7%	587500.7	33877.7	46089.7
2019年	2339000.0	63.9%	625520.5	35961.0	46096.3
2020年	2685000.0	64.0%	632867.7	34222.7	46111.3

① 数据来源：国务院国有资产监督管理委员会网站（http：//www.sasac.gov.cn）。

表 1－2　2016—2020 地方国有企业资产运营情况（单位金额：亿元）

年份	资产总额	资产负债率	营业收入	利润总额	上缴税费
2016 年	622385.8	63.3%	182194.4	7898.7	8923.1
2017 年	765831.9	63.5%	213836.3	11228.7	11532.6
2018 年	984091.2	62.3%	248718.9	13478.6	13680.4
2019 年	1469000.0	61.6%	266526.7	13308.3	13779.2
2020 年	1745000.0	62.2%	279582.1	12665.4	14022.8

表 1－3　2016—2020 年中央企业资产运营情况（单位金额：亿元）

年份	资产总额	资产负债率	营业收入	利润总额	上缴税费
2016 年	694788.7	68.6%	276783.6	15259.1	29153.0
2017 年	751283.5	68.0%	308178.6	17757.2	30812.9
2018 年	803391.7	67.7%	338781.8	20399.1	32409.3
2019 年	870000.0	67.0%	358993.8	22652.7	32317.1
2020 年	940000.0	66.7%	353285.6	21557.3	32088.5

2016—2020 年，全国国有资产总额不断增加，营业收入和利润总额加速增长，经济效益得到提升；全国国有企业资产负债率整体呈降低趋势，国企提质增效成效明显。中央企业国有资产保值增值能力整体高于地方国有企业并不断提高，地方国有企业国有资产保值增值能力大幅降低；全国国有企业为财政创造大量税收收入，其中中央企业贡献了我国国有企业近 70% 的上缴税费。

2. 江苏省国有企业资产运营情况

表 1－4　2016—2020 年江苏省国有企业资产运营情况（单位金额：亿元）

年份	户数	资产总额	负债总额	所有者权益	营业收入	利润总额
2016 年	6404	92281.0	62006.0	30275.0	10181.0	906.0
2017 年	6692	102927.0	64535.0	38392.0	10876.0	1079.0
2018 年	7475	127494.8	80496.3	46998.5	12463.9	1184.8
2019 年	8770	177200.0	119446.4	57753.6	14874.7	1393.7
2020 年	10037	210194.0	143094.0	67100.0	16341.2	1571.7

表 1-5 2016—2020 年江苏省省属国有企业资产运营情况（单位金额：亿元）

年份	资产总额	所有者权益	营业收入	利润总额	上缴税费
2016 年	11935.0	2208.5	3848.6	325.5	212.8
2017 年	12211.0	3885.0	3026.6	386.8	222.2
2018 年	12912.0	5056.2	3014.2	412.5	213.5
2019 年	15572.0	5836.3	3239.3	442.6	228.4
2020 年	18900.0	3448.1	3364.8	452.9	212.7

表 1-6 2016—2020 年江苏省、设区市国资委监管企业
资产运营情况（单位金额：亿元）①

年份	资产总额	所有者权益	营业收入	利润总额	上缴税费
2016 年	45048.6	14100.2	6667.6	680.2	504.3
2017 年	39403.3	15682.5	7474.6	796.3	553.6
2018 年	53784.8	21621.5	8345.4	891.0	535.8
2019 年	62115.9	24225.2	9821.1	965.3	627.9
2020 年	73129.3	21500.0	9982.1	1032.7	604.2

2016—2020 年，江苏省国有企业数量和资产规模大幅增长，整体经营指标稳步提升，但资产负债率仍处于较高水平，且呈现上升趋势。其中江苏省、设区市国资委监管企业经营情况稳中有进、持续向好，资产运营效益保持较高水平，且提升迅速；江苏省省属国有企业国有资产保值增值率显著高于江苏省、设区市国资委监管企业国有资产保值增值率。

① 数据来源：江苏省政府国有资产监督管理委员会。

3. 浙江省国有企业资产运营情况①

表 1－7　2016—2020 年浙江省国有企业资产运营情况（单位金额：亿元）

年份	户数	资产总额	负债总额	所有者权益	营业收入	利润总额
2016 年	8313	64749. 4	42100. 5	22648. 9	11165. 4	674. 8
2017 年	8891	76917. 1	50427. 2	26489. 9	13875. 9	725. 2
2018 年	11145	144360. 8	105464. 9	38895. 9	17991. 4	1424. 3
2019 年	12614	169164. 2	123319. 7	45844. 5	20705. 8	1559. 4
2020 年	13797	201954. 6	146799. 4	55155. 2	23653. 8	1535. 8

表 1－8　2016—2020 年浙江省省属国有企业资产运营情况（单位金额：亿元）

年份	资产总额	负债总额	所有者权益	营业收入	利润总额
2016 年	9489. 4	5678. 0	3811. 4	6247. 5	304. 7
2017 年	11001. 6	6551. 2	4450. 4	7748. 3	318. 6
2018 年	11916. 0	7097. 9	4818. 1	8663. 5	369. 5
2019 年	13520. 4	8156. 1	5364. 3	9861. 6	402. 4
2020 年	15900. 0	9833. 0	6067. 0	11400. 0	445. 0

2016—2020 年，浙江省国有企业生产经营持续向好，国企数量、资产总额、营业收入与利润均显著增长，主要经济指标再创历史新高。“十三五”时期，浙江省国有企业资产总额增长迅速，同时省属国有企业年度营业收入也突破万亿元大关。浙江省国有资产保值增值能力较强，国有企业发展质量进一步提高。

① 数据来源：浙江年鉴，国务院国有资产监督管理委员会。

4. 广东省国有企业资产运营整体情况①

表 1－9　2016—2020 年广东省国有企业资产运营情况（单位金额：亿元）

年份	户数	资产总额	负债总额	所有者权益	营业收入	利润总额
2016 年	9899	73696.5	46062.4	27634.1	15130.5	1620.5
2017 年	11020	96997.9	62240.5	34757.4	19804.2	2574.0
2018 年	12823	114637.7	73172.9	41464.7	22050.6	2825.5
2019 年	13796	128391.8	81970.3	46421.5	26512.8	3462.5
2020 年	14723	127809.6	78515.1	49294.5	26458.0	2607.5

表 1－10　2016—2020 年广东省国资委和地市国资委监管企业经营情况（单位金额：亿元）

年份	广东省国资委监管企业			广东省地市国资监管企业		
	资产总额	营业收入	利润总额	资产总额	营业收入	利润总额
2016 年	12769.6	3545.5	231.4	60926.9	11585.0	1389.1
2017 年	13832.5	3958.0	268.4	76643.8	14728.3	2019.5
2018 年	16833.8	3978.7	335.2	87500.0	17132.6	2364.4
2019 年	17896.4	4140.2	312.2	102539.7	20889.4	2663.2
2020 年	19836.3	4433.5	386.5	95722.1	20617.0	2095.5

2016—2020 年，广东省国有企业整体发展水平较高，呈现加速发展的态势。广东省地市国资监管企业资产运营效益高于省国资委监管企业，是创造利润的主力军。2019 年，广东省地市国资监管企业资产总额突破十万亿元。

① 数据来源：国务院国有资产监督管理委员会，广东省人民政府国有资产监督管理委员会。

5. 上海市国有企业资产运营整体情况

表 1－11　2016—2020 年上海市地方国有企业资产运营情况（单位金额：亿元）

年份	户数	资产总额	所有者权益	营业收入	利润总额	上缴税费
2016 年	11996	174377.7	30272.6	30464.0	3231.7	2302.1
2017 年	12614	185895.8	33700.9	33047.7	3605.6	2297.7
2018 年	13131	197697.3	36057.1	35857.1	3494.8	2515.4
2019 年	13665	219210.0	48910.0	38205.7	3604.5	2516.5
2020 年	14358	245807.3	52123.4	37633.8	3368.3	2504.8

上海市国有企业总体发展水平高、规模大、速度快，质量与效益较好，企业资产负债率有所降低但仍远高于全国平均水平，2020 年资产负债率接近 80%。

6. 湖南省国有企业资产运营情况

表 1－12　2011—2020 年湖南省国有企业资产运营情况（单位金额：亿元）①

年份	户数	资产总额	负债总额	所有者权益	营业收入	利润总额
2011 年	2001	8948.3	5184.7	3763.6	2902.6	202.2
2012 年	2106	11913.3	6696.1	5217.2	2966.3	185.5
2013 年	2259	14125.8	7603.1	6522.7	3236.5	222.4
2014 年	2260	17459.4	10071.6	7387.8	3110.3	176.2
2015 年	2171	20444.0	12242.5	8201.5	3020.3	98.4
2016 年	2442	25532.5	15392.6	10139.9	3764.4	161.6
2017 年	2623	35108.3	20945.1	14163.2	4545.2	284.0
2018 年	2734	41002.5	24358.5	16644.0	5223.5	294.6
2019 年	3212	47411.6	27734.7	19676.9	6143.2	288.0
2020 年	3321	55660.6	32406.6	23254.0	6772.9	446.3

① 数据来源：中国国有资产监督管理年鉴。

表 1-13　2016—2021 年湖南省省属监管企业资产运营情况（单位金额：亿元）

年份	资产总额	资产负债率	营业收入	利润总额	上缴税费
2016 年	6450.5	70.5%	3449.6	22.2	130.8
2017 年	7000.5	65.9%	4249.9	129.4	172.3
2018 年	12032.0	72.6%	4713.1	146.7	190.5
2019 年	13519.3	62.3%	5118.9	177.7	190.6
2020 年	14554.2	62.2%	5752.3	188.8	186.6
2021 年	15896.3	60.6%	6701.4	318.9	224.0

表 1-14　2016—2021 年湖南省地方监管企业资产运营情况（单位金额：亿元）①

年份	资产总额	资产负债率	营业收入	利润总额	上缴税费
2016 年	17303.3	62.4%	4065.5	77.6	160.0
2017 年	21050.3	62.8%	5000.3	195.4	216.2
2018 年	28046.4	65.1%	5646.2	217.0	246.9
2019 年	31397.5	60.1%	6401.3	269.7	257.1
2020 年	34653.0	60.1%	7154.5	279.3	262.7
2021 年	47396.6	64.8%	8464.1	487.8	347.4

湖南省国有企业资产质量与运营效益显著提升。湖南省国有企业户数、营业收入和利润呈现增长的发展态势，其中湖南省省属国有企业和地方监管企业的营业收入与利润两方面均取得大幅增长。湖南省省属国有企业资产负债率明显降低，资产结构得到优化。

三、国有资产按行业分布情况

根据第四次修订的国民经济行业分类标准（GB/T 4754—2017），新行业分

① 数据来源：湖南省人民政府国有资产监督管理委员会。

类共有 20 个门类、97 个大类、473 个中类、1380 个小类。①

1. 全国国有资产按行业分布情况

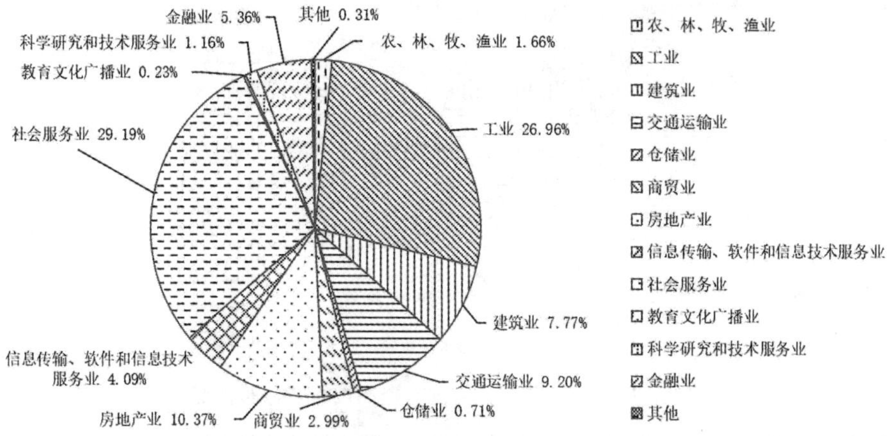

图 1－10　2020 年全国国有资产按行业分布情况

截至 2020 年，全国国有资产在三大产业中分布情况依次为第三产业占比超过 60%，第二产业占比约为 35% 和第一产业占比仅有 1.66%。全国国有资产按行业分布主要集中于社会服务业、工业、房地产业、交通运输业和建筑业，其中社会服务业与工业的国有资产分布占比明显高于其他行业。五个主要行业的国有资产合计占比为 83.49%。

① 这 20 个门类依次是：A 农、林、牧、渔业；B 采矿业；C 制造业；D 电力、热力、燃气及水生产和供应业；E 建筑业；F 批发和零售业；G 交通运输、仓储和邮政业；H 住宿和餐饮业；I 信息传输、软件和信息技术服务业；J 金融业；K 房地产业；L 租赁和商务服务业；M 科学研究和技术服务业；N 水利、环境和公共设施管理业；O 居民服务、修理和其他服务业；P 教育；Q 卫生和社会工作；R 文化、体育和娱乐业；S 公共管理、社会保障和社会组织；T 国际组织。

2. 江苏省国有资产按行业分布情况

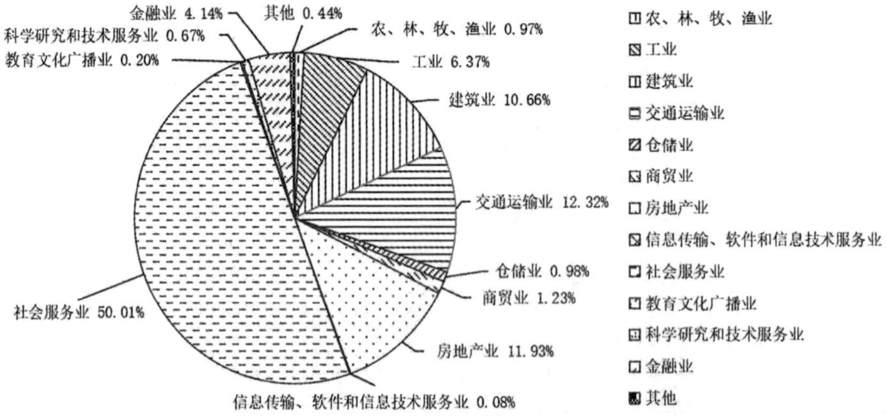

图 1－11　2020 年江苏省国有资产按行业分布情况

截至 2020 年，江苏省国有资产集中分布于第三产业，占比超过 80%；从行业分布来看，江苏省国有资产主要分布于社会服务业、交通运输业、房地产业、建筑业和工业，其中 50% 以上集中分布于社会服务业。五个主要行业的国有资产合计占据江苏国有资产总量的 91.29%。

3. 浙江省国有资产按行业分布情况

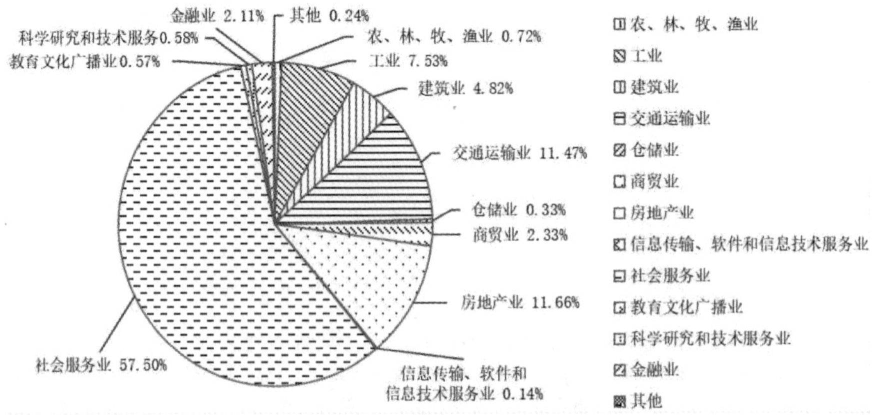

图 1－12　2020 年浙江省国有资产按行业分布情况

截至2020年，浙江省近87%的国有资产分布于第三产业；从行业分布来看，浙江省国有资产主要分布于社会服务业、房地产业、交通运输业、工业和建筑业。社会服务业以其拥有浙江省57.50%的国有资产总量位居各行业之首，其次是房地产业、交通运输业、工业和建筑业。五个主要行业的国有资产合计占据浙江省国有资产总量的92.98%。

4. 广东省国有资产按行业分布情况

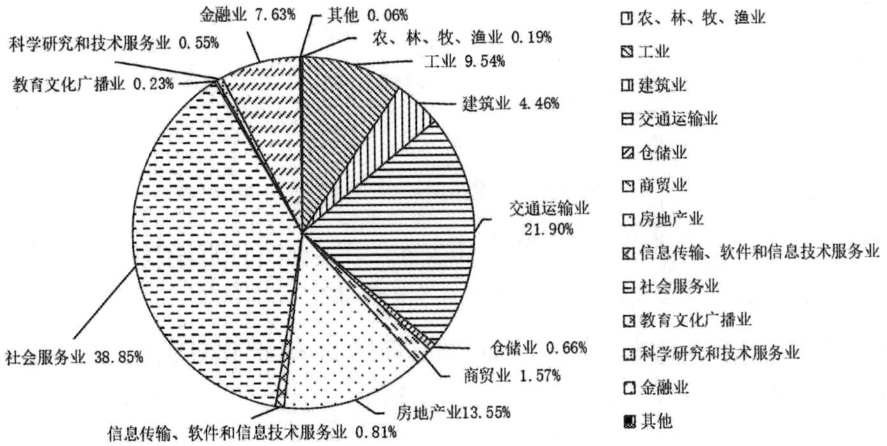

图1－13　2020年广东省国有资产按行业分布情况

截至2020年，广东省国有资产集中分布于第三产业，占比约85%；从行业分布来看，广东省国有资产集中分布于社会服务业、交通运输业、房地产业、工业和金融业，社会服务业以其拥有广东省38.85%的国有资产总量位居各行业之首。五个主要行业的国有资产合计占据广东省国有资产总量的91.47%。

5. 上海市国有资产按行业占比分布情况

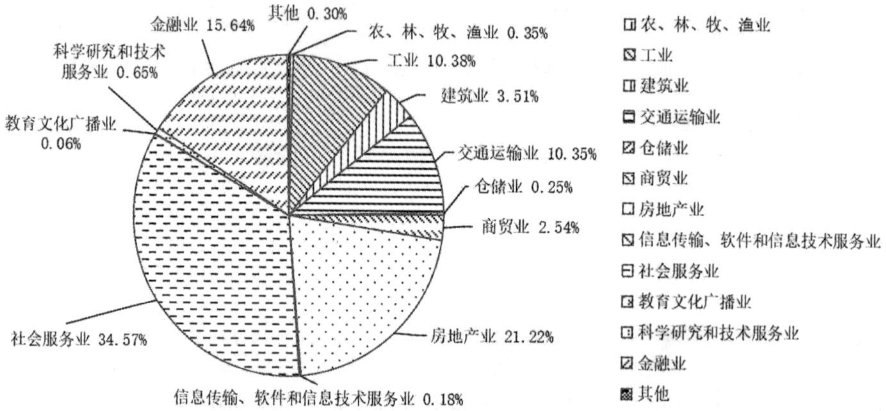

图 1－14　2020 年上海市国有资产按行业分布情况

截至 2020 年，上海市国有资产集中分布于第三产业，占比约 85%；从行业分布来看，上海市国有资产主要集中于社会服务业、房地产业、金融业、工业和交通运输业。相较于上述省份，上海市国有资产在房地产业和金融业的分布明显更为集中。五个主要行业的国有资产合计占据上海市国有资产总量的 92.16%。

6. 湖南省国有资产按行业分布情况

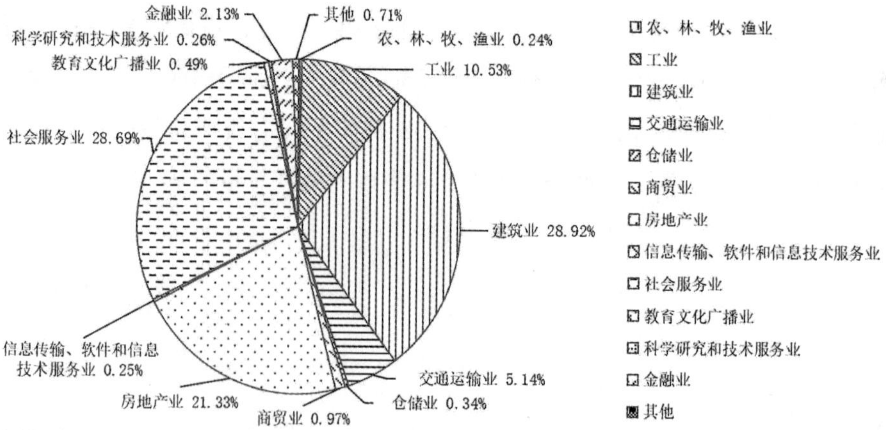

图 1－15　2019 年湖南省国有资产按行业分布情况

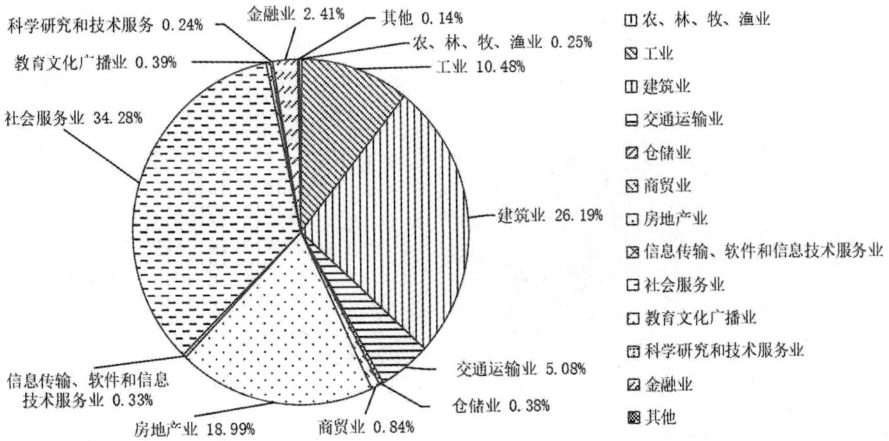

图 1－16　2020 年湖南省国有资产按行业分布情况

2019—2020 年，湖南省国有资产按产业分布主要为第三产业，占比由约 60% 增长至约 63%；相比于苏、浙、粤、沪地区，湖南省国有资产在第三产业上的分布明显较少，而在第二产业上分布更多。从行业分布来看，湖南省国有资产主要集中于社会服务业、建筑业、房地产业、工业和交通运输业，国有资产在社会服务业中占比最大且进一步增加。截至 2020 年，五个主要行业的国有资产合计占据湖南省国有资产总量的 95.02%。湖南省国有资产在建筑业上的分布明显高于苏、浙、粤、沪地区和全国总体水平，但建筑业的国有资产分布在 2019—2020 年呈下降趋势。

四、国有资产按地区分布情况

1. 江苏省国有资产按地区分布情况

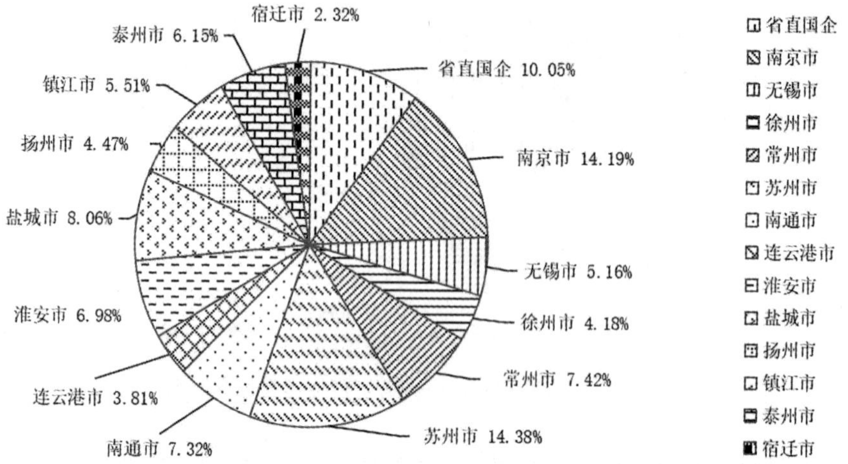

图 1－17　2020 年江苏省国有资产按地区分布情况

江苏省国有资产集中分布于苏南地区（南京、苏州、无锡、常州、镇江）；苏北地区（徐州、连云港、宿迁、淮安、盐城）和苏中地区（扬州、泰州、南通）国有资产分布相对较少且较为均衡。

2. 浙江省国有资产按地区分布情况

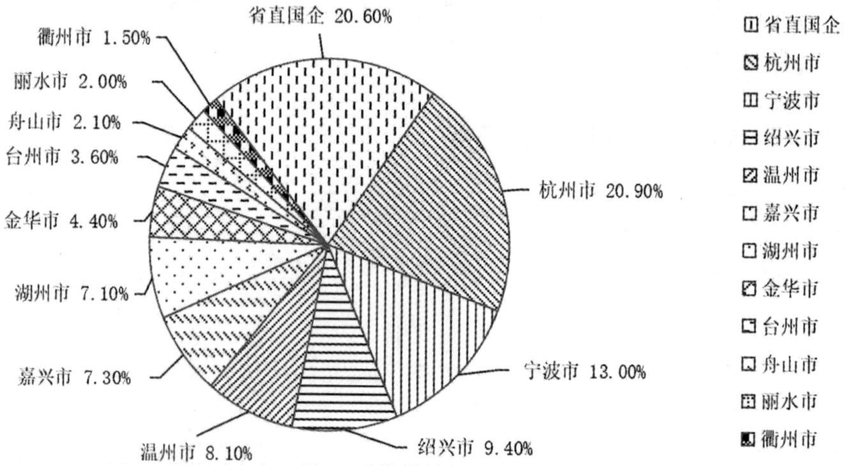

图 1－18　2020 年浙江省国有资产按地区分布情况

浙江省国有资产主要分布于杭州市、宁波市、温州市、嘉兴市等东部沿海发达城市，其中杭州市国有资产超过一万亿元，占浙江省国有资产总额的20.90%；宁波市、绍兴市、温州市等八市国有资产均超过一千亿元，合计占浙江省国有资产总额的55.00%；丽水市和衢州市的国有资产总量均在一千亿元以下，合计占浙江省国有资产总额的3.50%。

3. 广东省国有资产按地区分布情况

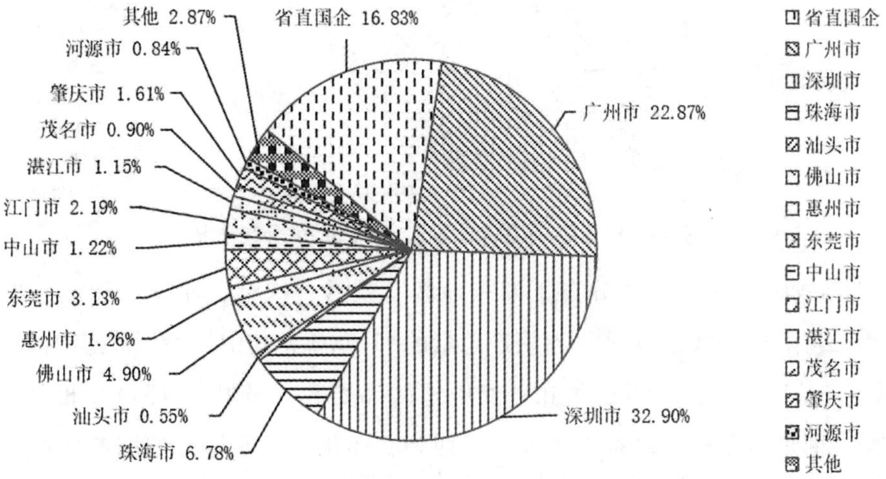

图1-19　2020年广东省国有资产按地区分布情况①

2020年，广东省国有资产总量35800.86亿元。从地区分布看，广东省国有资产主要集中在珠江三角洲地区（包括广州、佛山、肇庆、深圳、东莞、惠州、珠海、中山和江门九座城市），该地区国有资产总量为27516.54亿元，占广东省国有资产总量的76.86%。

① 广东省“其他”城市包括云浮市、韶关市、梅州市、汕尾市、阳江市、清远市、潮州市、揭阳市。因单个城市国有资产分布占比较小，图表展示不便，故用“其他”代替。

4. 湖南省国有资产按地区分布情况

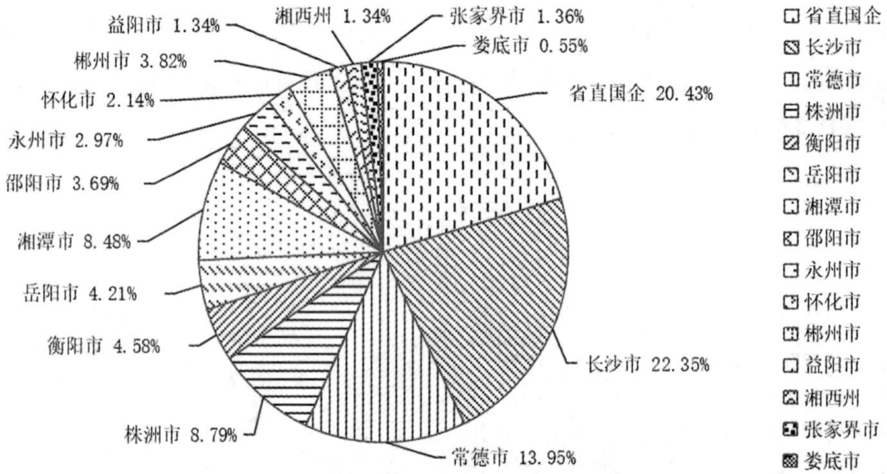

图1-20 2020年湖南省国有资产按地区分布情况

湖南省国有资产主要分布于湘东地区（长沙、株洲、湘潭）和湘北地区（常德、岳阳），占据湖南省国有资产总量的57.78%，其中长沙、常德和株洲的国有资产分布明显高于其他城市；湘中地区（娄底、邵阳、益阳）、湘南地区（衡阳、郴州、永州）和湘西地区（湘西州、怀化、张家界）的国有资产占比较低。

五、国有企业人均指标情况

表1-15 2019—2020年各省市国资系统监管企业人均指标表

地区	资产总额（亿元）		人均利润（万元/人）		人均税费（万元/人）	
	2019年	2020年	2019年	2020年	2019年	2020年
江苏省	62767.2	150243.5	16.9	17.4	11.2	10.9
浙江省	70340.5	117388.6	13.6	12.1	8.1	6.5
广东省	122156.0	121023.0	21.7	18.0	14.5	15.2
上海市	215558.3	242299.5	29.0	27.0	20.2	20.1
湖南省	33438.7	37524.6	7.5	9.7	7.7	7.8

由上表可知，湖南省国资系统监管企业资产总量较少，人均利润水平与苏、浙、粤、沪地区存在显著差距，而人均税费却处于相对较高的水平，并且存在人均税费高于当年人均利润的情况。

六、国有及国有控股企业高技术产业情况

1. 国有及国有控股企业高技术产业生产经营情况

表 1－16　2015—2020 年各地区国有及国有控股企业高技术产业生产经营情况[①]

地区	年份	企业户数（户）	平均用工人数（人）	营业收入（亿元）	利润总额（亿元）
全国	2015 年	1584	1520934	14449.4	776.5
	2016 年	1600	1553885	15575.5	1060.5
	2018 年	1696	1494751	17946.0	1091.0
	2019 年	1782	1419260	17221.0	993.0
	2020 年	1885	1439284	19050.0	1207.0
江苏省	2015 年	110	83499	1172.8	61.9
	2016 年	116	82522	1297.7	86.8
	2018 年	140	95296	1400.0	95.0
	2019 年	150	67620	1082.0	－36.0
	2020 年	180	89205	1522.0	36.0
浙江省	2015 年	58	35983	462.9	24.7
	2016 年	58	47311	682.5	115.5
	2018 年	60	52149	991.0	133.0
	2019 年	53	49290	544.0	147.0
	2020 年	52	46032	552.0	166.0

① 数据来源：中国高技术产业统计年鉴。

续表

地区	年份	企业户数（户）	平均用工人数（人）	营业收入（亿元）	利润总额（亿元）
广东省	2015 年	146	263630	2499.9	122.6
	2016 年	155	285314	2465.3	144.0
	2018 年	160	224528	2389.0	46.0
	2019 年	167	220834	2540.0	198.0
	2020 年	163	219278	2855.0	209.0
上海市	2015 年	115	68669	534.2	15.3
	2016 年	111	65327	555.8	20.1
	2018 年	108	63670	685.0	38.0
	2019 年	116	68167	789.0	52.0
	2020 年	115	69636	806.0	-10.0
湖南省	2015 年	42	27072	243.9	6.2
	2016 年	44	27222	255.5	14.0
	2018 年	55	42623	356.0	49.0
	2019 年	61	42745	405.0	47.0
	2020 年	62	46572	506.0	51.0

湖南省国有及国有控股企业在高技术产业的企业户数、平均用工人数、营业收入和利润总额上均落后于苏、粤地区，与浙、沪地区差距相对较小；而企业户数和平均用工人数逐年稳步增长，营业收入和利润总额总体增长率处于较高水平。

2. 湖南省国有及国有控股企业高技术产业研发情况的对比分析

表 1－17　2015—2020 年各地区国有及国有控股企业高技术产业研发相关情况①

地区	年份	有研发机构的企业户数（户）	机构数（家）	新产品开发项目数（项）	R&D 人员数（人）	R&D 支出（亿元）	有效发明专利（件）
全国	2015 年	694	1130	12934	222237	717.5	73842
	2016 年	728	1180	13042	210604	702.7	95845
	2018 年	716	1172	15504（2017 年）	222457	858.3	98619
	2019 年	776	1229	17094	190418	850.4	106678
	2020 年	874	1338	19808	192784	972.0	118644
江苏省	2015 年	91	141	1036	11160	27.0	2727
	2016 年	93	139	1026	10725	29.5	3163
	2018 年	98	151	1342（2017 年）	10293	37.8	4207
	2019 年	106	160	1637	10902	48.5	6402
	2020 年	109	161	1883	12569	67.2	7215
浙江省	2015 年	30	57	483	5174	13.3	801
	2016 年	35	55	586	12516	38.3	1131
	2018 年	28	41	576（2017 年）	14083	58.0	1423
	2019 年	26	47	534	11394	42.4	1477
	2020 年	30	49	507	9824	43.8	2116
广东省	2015 年	83	170	1286	40041	122.4	41909
	2016 年	109	210	1416	30020	93.8	54568
	2018 年	126	221	1684（2017 年）	41288	118.9	37432
	2019 年	130	235	1725	30572	104.6	41145
	2020 年	135	241	1874	23065	119.4	43125

① 中国高技术产业统计年鉴 2018 版未发行，2019 版“各地区国有及国有控股企业高技术产业新产品开发和销售情况”统计数据使用 2017 年度数据。

续表

地区	年份	有研发机构的企业户数（户）	机构数（家）	新产品开发项目数（项）	R&D 人员数（人）	R&D 支出（亿元）	有效发明专利（件）
上海市	2015 年	37	46	760	9237	63.8	2937
	2016 年	37	43	762	8168	53.9	4388
	2018 年	33	44	788（2017 年）	8396	55.8	6468
	2019 年	36	44	775	7384	65.1	9593
	2020 年	38	46	838	9128	83.7	11321
湖南省	2015 年	20	28	261	3013	10.4	375
	2016 年	20	28	237	4066	14.1	566
	2018 年	26	36	427（2017 年）	5524	28.3	3271
	2019 年	32	39	642	5087	23.6	2754
	2020 年	26	32	581	5260	32.5	3202

湖南省国有及国有控股企业高技术产业中，在有研发机构的企业数量和新产品开发项目数方面，均大幅落后于苏、粤地区，与浙、沪地区差距相对较小；在 R&D 人员数和 R&D 支出方面均远落后于苏、浙、粤、沪地区，有效发明专利数落后于苏、粤、沪地区，整体高于浙区。

第二章　国有企业改革的历史进程与主要难点

一、我国国有企业改革的历史进程

我国国有企业改革大致经历了以下五个阶段：

第一阶段：1978 年至 1992 年，放权让利，转变机制。“放权让利”早期，企业的积极性在利益的刺激下得到释放。1986 年，针对企业改革中诸如扩大企业自主权、实行经济责任制、推行厂长负责制等方面推出了一系列改革措施。

第二阶段：1992 年至 2003 年，按照建立现代企业制度的改革思路，国有大中型骨干企业实行现代公司制度改革，进行产权多元化探索，国有中小型企业采取多种形式放开经营。

第三阶段：2004 年至 2008 年，按照“发展壮大一批、转制搞活一批、关闭破产一批”的思路，对我国国有企业进行战略性调整。国资监管体系基本形成，参股上市公司股权分置改革全部完成或进入股改程序。

第四阶段：2009 年至 2012 年，以“大公司大集团”战略促进国有资本向优势产业和优势企业集中，通过重组整合设立了一批大集团公司，产业结构趋于高端化。同时，以产权制度改革为核心的国有企业改革继续推进。在产权、股权转让和增资扩股等各项改革之外，着力完善法人治理结构和建立健全现代企业制度。这个时期的国有企业改革是以产权制度改革为核心，以建立现代企业制度为主要内容。多元产权激活了企业的运行机制，使一批国有企业通过破产改制，焕然一新；产业结构在改革中优化，传统产业提质升级，钢铁、有色、机电等板块向高端化、高新化、“两型化”化发展；战略性新兴产业和高新技术企业加速发展。

第五阶段：党的十八大以来，我国国有企业改革进入新阶段，国有企业发展进入新时代。党的十九大以来，中央明显加快了我国国有企业改革的速度，明显加大了国有企业改革的力度、广度和深度。

新一轮国有企业改革以坚持党的领导加强党的建设为引领，按照“清理退出一批、重组整合一批、发展壮大一批”的基本思路，分类推进国有企业改革，着力改革影响国有企业发展的体制机制和公司治理结构，积极发展混合所有制经济，着力培育具有全球竞争力的世界一流企业，致力于不断增强国有经济活力、控制力、影响力、抗风险能力，致力于掌握现代高新技术话语权，加快国有经济布局优化、结构调整、战略性重组，促进国有资产保值增值，推动国有资本做强做优做大，有效防止国有资产流失。

为了更加清晰地理解我国国有企业改革的历史进程，我们有必要对党的十八大以来关于国有企业改革的一系列重要举措做一个大致的梳理。

（1）2015 年 8 月 24 日，中共中央、国务院发布《关于深化国有企业改革的指导意见》，这是新时期指导和推进国有企业改革的纲领性文件；

（2）2015 年 9 月 20 日，中共中央办公厅发布《关于在深化国有企业改革中坚持党的领导加强党的建设的若干意见》（中办发〔2015〕44 号）；

（3）2016 年 8 月 19 日，国务院国有资产监督管理委员会发布《关于印发〈关于国有控股混合所有制企业开展员工持股试点的意见〉的通知》（国资发改革〔2016〕133 号）；

（4）2017 年 4 月 24 日，国务院办公厅发布《国务院办公厅关于进一步完善国有企业法人治理结构的指导意见》（国办发〔2017〕36 号）；

（5）2017 年 10 月 18 日，党的十九大报告中指出：“要完善各类国有资产管理体制，改革国有资本授权经营体制，加快国有经济布局优化、结构调整、战略性重组，促进国有资产保值增值，推动国有资本做强做优做大，有效防止国有资产流失。”

（6）2018 年 5 月 13 日，国发〔2018〕16 号文件发布《国务院关于改革国有企业工资决定机制的意见》（国发〔2018〕16 号）；

（7）2018 年 7 月 14 日，国务院发布《国务院关于推进国有资本投资、运营公司改革试点的实施意见》（国发〔2018〕23 号）；

（8）2018 年 12 月 11 日，国务院国有资产监督管理委员会令第 39 号发布《中央企业工资总额管理办法》，2019 年 1 月 1 日起施行；

（9）2019 年 4 月 19 日，国务院发布《国务院关于印发改革国有资本授权经营体制方案的通知》（国发〔2019〕9 号）；

（10）2019 年 6 月 3 日，国务院国有资产监督管理委员会发布《关于印发〈国务院国资委授权放权清单（2019 年版）〉的通知》（国资发改革〔2019〕52 号）；

（11）2019 年 11 月 30 日，国务院国有资产监督管理委员会印发《关于进一步推动构建国资监管大格局有关工作的通知》（〔2019〕117 号）；

（12）2019 年 12 月 12 日，国务院国有资产监督管理委员会发布《关于中央企业加强参股管理有关事项的通知》（国资发改革规〔2019〕126 号）；

（13）2019 年 12 月 27 日，国务院国有企业改革领导小组办公室印发《百户科技型企业深化市场化改革提升自主创新能力专项行动方案》；

（14）2019 年 11 月 29 日，中共中央政治局会议审议批准《中国共产党国有企业基层组织工作条例（试行）》，2019 年 12 月 30 日中共中央发布；

（15）2020 年 1 月 22 日，国务院国有企业改革领导小组办公室发布《“双百企业”推行经理层成员任期制和契约化管理操作指引》《“双百企业”推行职业经理人制度操作指引》；

（16）2020 年 6 月 30 日，中央全面深化改革委员会第十四次会议审议通过了《国企改革三年行动方案（2020—2022 年）》。这标志着国企改革进入全面攻坚提质创新新阶段。

二、国有企业产业布局与结构重组优化的主要难点

1. 产业分布结构不合理，资源配置重点不突出

我国国有企业产业分布几乎遍及所有工商领域，分散在各行各业中，并未形成优势产业。其次，我国国有企业在第三产业领域内的占比偏大。比如，2020年湖南省国有类型产业法人单位数的数据资料显示，第三产业的法人单位数以57625户占整体比重的98.3%。[①] 第三产业中除交通、邮电、公用事业、金融等行业适合国家经营外，其他行业基本上属于竞争性营利行业，国有企业无须占据太大比重。这就使得我国国有企业资源配置重点不突出，在国有经济并没有优势的产业和一般竞争性产业领域（如建筑业、房地产业）仍然大量配置国有资产，而在一些支柱产业和高新技术产业等需要发挥国有经济优势的关键性产业领域却投入不足，导致国有企业整体效益偏低、主导优势不突出。

2. 企业规模结构不合理，规模经济差

从企业规模结构来看，我国国有企业大中型企业分布比重偏小，微小型企业比重过大。企业之间联系不紧密，多数中小企业并不是围绕着为大企业进行零部件的专业化生产和其他配套服务而建立起来的，而是自成体系的全能厂。“大而全”“中而全”“小而全”的现象十分普遍，中西部地区的国有企业“大而全”“中而全”“小而全”的现象更为严重。比如，2017年湖南省2623户国有企业的规模分布状况是，小型企业占比42.3%，微型企业占比38.1%，中型企业占比16.5%，大型企业仅占比3.1%。而从国有企业资产分布情况看，小型企业资产占比46.0%，微型企业资产占比8.8%，中型企业资产占比29.1%，大型企业资产占比16.1%。[②] 可见，在数量上高度占优的小、微型国有企业，其资产总额在

---

① 数据来源：湖南统计年鉴、湖南统计信息网。

② 数据来源：中国国有资产监督管理年鉴。

国有经济中的占比却没有达到相应的水平。我国不少省、市的国有企业主要是盈利性较差的小、微型企业，且这些小、微型企业主要集中在国有企业不必进入的某些行业，这部分企业在整个国有经济中的重要性不高，整体的规模经济效益较差，致使我国国有企业在市场竞争中处于不利地位。

3. 产业地区结构不合理，弱化国有经济运营效率

我国有企业在传统体制下的地区布局片面追求和强调平衡化发展，忽视了各地区之间不同的条件与比较优势，产业布局超常分散化，过分强调各地区建成独立完整的产业体系，自给自足，造成了我国各地区产业结构的“全、散、同”。具体表现在：① 各地区产业结构基本趋同，区域产业结构的差异化优势不明显。② 各地区为追求门类齐全的工业体系，往往不顾社会化大生产的一般要求，忽略经济规模和专业化分工协作，产业结构效率比较低下。③ 基础设施滞后、不配套，孤立地搞区域工业开发，忽视综合开发，强行“插入”了许多生产能力，而基础设施没有跟上，使新区的产业发展缺乏必要的经济支撑条件和产业环境，形成了大量的生产力，但却发挥不了实际作用。

4. 企业业务结构不合理，国有企业主业不突出

主业不突出是我国国有企业的通病。一方面，“一业为主，多种经营”曾是国有企业初期改革中的一项指导原则，在此思想的指导下，不乏一些国有企业通过多元化扩展了企业的经营范围，且很多是无关联多元化经营；这种过分强调企业绝对规模扩张的冲动，分散了主业的经营资源和注意力，导致主业竞争力严重弱化、规模效益递减、负协同效应突出、难以集中优势发展企业的主业等“大企业病”症状。另一方面，面对互联网经济、电商经济、跨界经济等的蓬勃兴起，对地方国有企业原有经营的主业或非主业，产生了较大冲击。

此外，我国国有企业的技术结构不合理，国有企业在高新技术领域的引领支撑作用并不明显。我国国有企业从整体上看，真正掌握的关键产业核心技术不多，自主研发能力不强，抗市场风险能力较弱，部分国企 R&D 投入明显不足，

高科技创新人才队伍建设滞后，产学研深度结合不够。

三、国有企业混合所有制改革的主要难点

1. 国有资本“一股独大”地位难以撼动

混合所有制改革停滞不前的根本原因在于国有资本“一股独大”。

（1）国资监管部门不愿放弃权力。部分国有资本放弃控股权将使得企业从其监管的名单中消失，无疑会缩小国资监管部门的权力。

（2）员工国有情结难以转变。国有绝对控股性质的改变将导致用工机制的转变，势必将分流安置部分员工，“铁饭碗”的打破将引发他们反对“非国有化”。

（3）垄断行业改革难以深入，资本流向具有一定的盲目性。

2. 非公经济主体参与混合所有制改革动力难以调动

由于国有资本“一股独大”地位难以撼动，造成非公经济主体参与混合所有制改革“同股不同权、同股不同利”，严重影响了他们参与改革的热情和动力。

（1）投资收益难以保障。国有资本利用大股东的身份对中小股东的利益实施侵害，使得非公经济主体的投资权益受损。

（2）企业决策权和资本收益权难以受法律保护。国有资本“一股独大”使得其在表决权、监督权和信息控制权等方面拥有绝对的优势，致使非公经济主体在混合经济中没有足够的话语权；国有企业管理层具有行政级别，这对非公经济主体管理人员形成了身份歧视，没有对等的话语权。

（3）控股权难以获取。因国有资本雄厚及人为排斥等原因使得非公经济主体获得控股权的机会较少，而沦为国有企业的“提款机”。

3. 战略投资者难以引进

引进战略投资者是当前国有企业进行混合所有制改革的一种有效模式，对构

建合理的产权结构，完善内部治理结构，增强国有企业竞争力等具有重要作用。但是，引进战略投资者是一项复杂的系统工程，要获得成功存在以下挑战：

（1）吸引战略投资者魅力不足。由于国有资本“一股独大”，战略投资者往往只能作为参股股东，其参与决策的权利有限，因此愿意参与混合所有制改革的投资者较少。为确保国有企业的主导权，通常只针对单项业务或项目展开，其投资回报不高，对于想要引入的战略投资者难具吸引力。

（2）操作流程面临挑战。如何让投资者知晓企业的历史和现有资源、机遇和挑战、愿景和目标；如何对有意向的投资者进行筛选；如何进行交易谈判；如何避免国有企业价值低估，如何取得国资监管部门的批准等，都是国有企业在引入合适战略投资者时需要厘清的问题。

（3）企业文化面临冲突。企业文化一旦形成，其变革的可能性较低且成本巨大，因此在引入战略投资者时需要考察双方文化融合的可能性。

4. 国有资产流失风险难以管控

（1）混合所有制改革中市场机制扭曲造成国有资产流失。由于资产的多样性、复杂性和非标准化，使得混合所有制改革中资产评估的真实性、可靠性降低，难以发挥市场在这类资源配置中的决定性作用，使得国企高管有可能将国有资产流向非公经济主体再流向个人。

（2）员工持股过程中可能造成国有资产流失。在国有企业改制为员工持股公司的过程中，由于内部人主导改制，其有动机低估国有资产价值，达到低价收购的目的；部分企业出于业绩考核或利润分配等目的，可能擅自变更会计政策，调节企业分配；在混合所有制改革过程中，通过企业员工出资入股或分红、配股，可能对国有企业和员工造成同股不同权，直接导致国有资产流失。

此外，相关制度不完善也易造成国有资产流失。

5. 员工持股难以操作

（1）员工持股范围难以确定。从内部操作角度，如何界定技术管理骨干，以确保激励效度，同时不造成较大的分配不公是实施员工持股计划的难点。

（2）员工持股额度难以确定。额度太小难以发挥股权激励作用；额度过大将导致一系列问题，如强化内部人控制，造成企业内部分工模糊化从而降低决策效率，对外部股东形成歧视从而不利于混合所有制改革，形成“押出障碍”等。

四、国有企业公司治理结构改革与治理机制优化的主要难点

1. 内部治理结构缺陷

（1）委托 - 代理链过长。随着政府对国有企业推行放权让利和公司制改造，企业的所有者对企业的直接控制弱化，经理阶层获得了日益重大的控制权。我国国有企业的最终代理人是经理，而国有资产的最终所有者、真正的委托人是人民。具体代理链的表现形式如下：初始委托人（全体人民）→各级政府→各级国资委→控股公司→最终代理人（公司经理）。深入研究就会发现：① 全体公民作为一个整体不具备谈判、签约、行使契约规定的权利和履行契约规定的义务的能力。② 代理成本高，这主要是源自代理链过长。③ 初始委托人在剩余索取权与控制权不统一时会产生廉价投票权和自身激励不足问题。当控制权表现为监督权时，初始委托人不能通过监督索取剩余权益，致使在控制权的行使上缺乏监督的积极性。

（2）股东大会流于形式。现实中，国有企业董事会几乎取代了股东大会行使职权。同时，按法律规定，国有独资公司不成立股东大会时，董事会可直接行使股东大会的部分职权①；如果是两个以上的国有企业或者其他两个以上的国有投资主体共同出资成立的有限责任公司或股份有限公司，股东会和董事会虽然都具有，但是股东代表和董事往往重叠。另外，国有企业中由于国有股权比重很高，政府作为大股东与国有资产受托管理机构混为一体，公司固有的治理结构被打破，政府可以越过公司法规定的法人治理结构直接聘用和解聘董事长和总经

① 《中华人民共和国公司法》（简称《公司法》）第六十七条。

理，股东大会在制约董事会和经理层方面很难发挥直接作用。

（3）董事会功能异化。具体表现在：① 外部董事和独立董事比例较小。比例倒挂的现象十分突出。② 在考虑配置外部董事的过程中，还是以国有股东行政任命为主，缺乏市场化配置力度，没有形成职业的董事市场。③ 董事与经理层人员交叉的情况比较普遍，导致严重的“内部人控制”现象，董事会的制衡作用难以发挥。④ 董事会中专门委员会的建设薄弱，无法保持董事会决策的独立性和合法性，进而无法将企业“内部人”从与其切身利益比较敏感的决策问题中隔离开来。⑤ 董事不“懂事”。由于董事由上级行政机构直接任命，缺乏市场化配置力度，而大量官员董事缺乏管理国有企业的专业技能和素质，不能很好地履行董事职能。

（4）职业经理人制度缺失。国有企业主要负责人的任免多由各级政府国资委或各级党委、政府负责。国企高管享有行政级别认定，职位异化为一种“官员”“荣誉”“福利”或“补偿”。高管任命缺乏竞争机制，也没有完善的职业经理人市场。同时，任命国企高管仍存在明显的行政化倾向，人事管理离市场化相距甚远。

（5）监事会监控能力不足。具体表现在：① 缺乏专业化的监事人才，如法律和会计等专业人才。② 除职工代表外，监事会成员从党政机关和国有企业等单位工作人员中选派，缺乏市场化配置力度，没有形成职业化的监事市场。③ 监事的职责不全，而且难以落实。有事后监督权，但事前监督和事中监督不够。

（6）绩效考核体系不健全。具体表现在：① 绩效考核目的不明确。很多企业把绩效考核与员工薪酬联系作为唯一目的，其实“薪酬与绩效挂钩”应该是绩效考核的副产品，它是保证绩效管理能起作用的重要手段，而不应该是绩效管理的主要目的。② 可量化指标占比较低。③ 考核主观性太强。④ 考核周期设置不合理。目前多数国企是一年进行一次考核，实际上不同的绩效指标需要不同的考核周期。⑤ 对考核结果不重视，奖惩制度缺乏严肃性，奖多惩少，甚至有奖无惩。

（7）薪酬分配制度不合理。主要表现在薪酬结构僵化、激励不灵活以及缺乏长期激励。国企薪酬结构中，没有设置与个人绩效挂钩的可变薪酬或比例过低，在员工的收入与实际劳动量和贡献无关或关联度极低的情况下，员工就会选择获得更多的闲暇来增大自身效用，并最终引发企业的低效率。此外，缺乏长期激励的薪酬制度也会使各级经理趋向于追求短期利益或局部利益。

2. 外部治理机制不完善

（1）银行体系监督力度不足。在间接融资为主的融资体系下，银行起着十分关键的作用。首先，通过信用监督，银行在企业经营项目的事前选择中起着重要的作用；其次，通过破产威胁，银行对企业实施的事后相机控制权可硬化公司预算约束，因此，企业为了避免丧失控制权，保持良好的财务状况，必须努力经营，使经营状态至少保持在能够支付债务的水平之上。在我国，银行是作为外部角色对企业进行约束，不允许直接持有公司股票。借鉴日本等国的主银行制度试点工作取得了一定成效：一是在一定程度上促进了企业自我约束机制的建立；二是加强了银行对企业资金运作的监督力度；三是减少了政府对银行具体信贷行为的干预，也可以激励企业强化本身的行为约束。但我国的主银行制度主要是向企业提供贷款作为追加投资，并加强对投资的监督。由于银行不是企业的股东，并不能对企业实施有效的约束，加之银行的市场化程度低，使得银行对企业的监督力度不足。另外，主银行制度在具体实施中，由于主银行过于集中，主办行受体制约束，难以对企业提供全方位金融服务，主办行与协办行的权利义务关系不清晰等原因使得主银行制度的作用受到削弱。同时主银行管理办法对企业约束弱、对银行约束硬，从而使通过实施主银行制度加强对企业外部监督的初衷不能完全实现，甚至根本不能实现。

（2）资本市场发展不成熟。目前的资本市场往往不是一种投资，而是筹资制度安排的市场。国有企业事实上拥有进入资本市场的优先权，资本市场在国有企业改革中承担重任。但是，在资本市场的产生和发展阶段，我国一直以行政化的手段来管理和监督资本市场。我国的资本市场在为国有企业提供筹资服务中实行了“审批制”的市场准入机制和股权结构管理机制，使得上市公司中绝大部分是国有控股的上市公司，非流通股占上市公司股份的绝大部分，所以“用脚投票”机制对经营者的约束作用几乎微乎其微。政府使用行政手段和机制对股票从发行到流通进行全程干预，在一定程度上扭曲了资本市场的市场性和资本运行机制，资本市场各行为主体之间的利益博弈大大降低了政府政策的有效性，充分竞争的资本市场的外部治理机制远未能充分发挥作用。

（3）职业经理人市场化进程缓慢。这里的职业经理人市场主要指的是一种市场选择机制，这种选择机制对于选择经理人员尤为重要。我国国有企业通常以非市场原则选择职业经理人，国有企业的经营者主要是行政任命或由党委组织部门考察。这种选择的非市场理性和非市场逻辑致使部分经理人素质偏低，缺乏优秀的企业家素质。国有企业干部人事制度改革滞后导致企业家不能有效流动，双重体制的摩擦导致企业家具有亦官亦商的“两栖”色彩。

（4）法律法规体系不健全。公司治理从其表现形式上看是一个法律制度体系，但是由于《公司法》吸收了国外相关的公司法的一些通用规则，制定过程中为了满足我国转轨企业的实际特点，其条款本身会表现出漏洞，需要根据实施中的问题和改革的状况进一步修订。尽管近年来政府和监管部门已经制定了很多法规，公司治理发挥效用所需的法律环境已初步形成，但有关公司治理的具体细则还不够完善。即使发布了一些条款，在实践中也缺乏一定的可操作性，况且还存在有法不依、执法不严、情大于法、权大于法的现象，可见，公司治理法律法规的建设与监督任重道远。

3. 内部人控制问题突出

由于内部治理结构存在缺陷以及外部治理机制不完善，使得公司董事和经理层拥有公司的实际控制权，并有机会利用各种手段扩大剩余控制权，导致内部人控制问题突出。在我国体制转轨这个特殊的历史时期，公司制国有企业的“内部人控制”具有下列表现形式：

（1）经营行为短期化。内部人只顾得到眼前的地位和利益，而不考虑企业的长期利益，置国有资产的保值、增值于不顾。

（2）过度在职消费。由于所有者缺位，对经营者的监督、制约作用很小，经营者往往利用自己实际上获得的控制权，使内部人的收益达到最大化。

（3）非法转移国有资产。内部人通过建立一个与自己关系密切的企业，利用内部交易等手段将自己所控制企业的利益转移到新建企业中，风险由原企业承担：通过增发公司证券把新增股份出售给受自己控制的另外一个公司，稀释国有公司股权；或把资产剥离给与自己关系密切的公司；或通过转移公司的合作机会，来剥夺外部投资人的权益。这些都造成国有资产的大量流失或利益输送。

（4）信息披露不规范、不真实。主要表现为内部人为了操纵股东利益，在披露信息时存在故意遗漏重要内容，或为了达到获利目的随意改动会计信息，使公开披露的评估报告、财务报告内容虚假。

（5）工资侵蚀利润。存在内部人控制的企业，使市场上由劳动供求关系决定工资的竞争机制受到扭曲，经理人员主观提高自己的薪金水平，为自己谋利。

（6）利用公司并购索取收益。并购后企业规模扩大，外部监督内部人的难度增加，经营者从扩大的业务往来中谋取更多利益变得更为方便。同时，在并购过程中，经营者有可能通过买卖相关资产获得巨额利益。

五、国有企业的国有资产监管体系改革的主要难点

1. 监管部门职能不明确导致监管缺位与干预越位并存

（1）企业改制监管和日常监管的缺位。① 对企业的改制监管缺位。在改革初期由于当时的社会主义市场经济体制的不完善，以及相关的法律依据和政策规范不健全，致使监管部门对企业的改制监管缺位。② 在日常监管中对国有资产监管办法和措施不到位、要求不明确、考核不完善。例如，在经营业绩考核中基本以企业年度自身申报的经营责任为准，缺乏专业评估依据，不能将企业近期目标和中长期目标统一起来，年度考核和任期考核不统一，结果考核与过程评价不

统一，业绩考核与奖惩和分配制度往往脱钩；统计评价流于形式，缺乏约束机制，很多企业报送不及时、不准确，统计口径不统一，数据捏造致使统计分析的价值受限；由于政府体制存在漏洞以及企业内部制度的不健全，监管措施的执行力度往往大打折扣，存在政府承诺难以兑现的现象。

（2）越位干预的冗长式管理。目前各级国资委采用的基本上是行政主管部门直接对国有企业进行监管，这其中难免存在干预越位的现象，最终导致各部门职责不明确、国有企业经营效率低下。

2. 监管部门专业化能力不足导致监管执行力欠缺

（1）监管部门依法履职的能力不足。监管部门没有按照有关的法律法规要求履行“管人、管事、管资产”相结合的监管职责，在管人上采用的是管死经理层，一旦出现问题轻则在业绩考核上做文章，影响员工薪酬，重则罢免撤职，很少协助企业完善法人治理结构，完善董事会、监事会、经理层等层级制度；在管事和管资产方面监管部门要求出资企业大事小事都请示汇报，严重影响企业经营效率；另外，部分监管部门工作人员业务不精，责任心不强。

（2）监管部门战略规划能力滞后。从产业布局来看，存在资源重复配置、企业同业竞争、产业投资布局散乱等问题，国有资产在充分竞争的一般性竞争领域仍有较大存量，公共服务调控能力较弱，国有资本营运功能不强。

（3）推进企业改革重组能力不到位。还未建立起完善的企业内部激励约束机制，被监管企业的内部管理机制以及深化内部劳动、人事、分配制度等方面的改革能力不足。

（4）协调配合能力有差距。国资监管的行业、工作涉及面广，需借助各方力量，并得到上级领导和各部门的支持和协作，但在实际监管中，沟通、协调配合能力还与现实要求存在很大差距。

3. 企业国有资产的公共监督不健全导致监督作用得不到充分发挥

（1）企业公共监督体系不健全。在国有企业的内外部监督中，职代会流于形式，监事会不健全，财务阳光公开制度尚未建立，社会公众、纪检部门、人大、政协信息不对称，往往出现大问题才采取措施实施监督，常态化监管机制不健全，监督力度也不够，监督作用未得到充分发挥。

（2）中介机构公信力缺失。作为独立第三方的专业中介机构，本不隶属于任何政府、社会团体和企业，其工作不受任何个人或组织干涉，应最具有公开、公平、公正的社会监督作用，但由于利益诱惑或是其他种种原因致使普遍存在公信力欠缺的问题。

4. 监管的法律法规不完善造成国有资产流失和内部管理混乱

具体表现为：监管部门对下级企业虚假改制缺乏有效的监督和管理；产权交易中披露的途径和范围有限致使国有资产低价转让；被监管企业国有股的所有者缺位，致使国有资产缺乏真正的“守护神”。

5. “党委主体、纪委监督”两个责任不落实导致监督力度不足

（1）党委主体责任的缺失。主要表现在企业利益交换和领导班子在选人用人上产生的不正之风与腐败；对权力运行的监督与制约的不完善导致损害职工群众利益的行为；对违纪、违法问题的查处不力。这些问题造成国有企业党的领导被削弱，党的建设被虚化，党的作用被淡化。

（2）纪委监督职能不明确。纪委是党风廉政建设的监督主体。纪委职能模糊，承担了很多原本应由党委承担的责任，造成纪委职能泛化、方式固化、作风虚化等问题。

六、各级平台公司转型发展困难重重

1. 定位平台化

政府各级平台公司虽然在成立之初政府都将其定位为某个业务领域的综合运营商，一方面应在承接政府公益性项目时，以企业化主体为平台代替政府融资再

投资于项目建设，这是平台功能；另一方面公司应以市场化主体身份，通过项目营运或市场化经营，获取经营利润，既维持自身发展又补贴政府投资，这是公司功能。但长期以来，政府始终将平台公司定位平台化，即过于强调平台公司的融资功能，忽略平台公司的市场化经营功能，将平台公司看作是纯粹融资投资的平台，并安排公司承担过多公益性项目融资、投资、建设、运营业务，在公司市场化经营、盈利能力、债务偿还等方面考虑和强调不够，导致了平台公司融资举债规模过大，政府性债务增长过快。

2. 管理行政化

政府、国资委、平台公司三者之间责权利边界模糊。政府在管理上视平台公司为下属行政部门，直接下达行政命令；在资金上视平台公司为“第二财政”，直接下达建设任务。国资委对平台公司的资本授权经营落实不到位，不是将其双边关系定位为“监管与被监督”的关系，而是定位为“管理与被管理”的上下级的行政关系，导致政企不分，管得过多，管得过死，导致平台公司缺乏活力。同时平台公司内部的集团公司与职能部门之间、集团公司与子公司之间也按上下级的行政机制运作，存在严重的机关化、行政化现象。在这种行政化管理体制下，造成了平台公司受领任务不讲价钱、完成目标不计成本、项目运作不讲效益、融资举债不计后果的倾向，导致市场化经营竞争能力很低。

3. 业务同质化

虽然各平台公司都有自己的发展定位和业务范围，但事实上各平台公司之间存在着严重的功能重复、业务同质、竞争内耗现象。仅从业务板块来看，大多数市级平台公司都有片区开发、房地产开发、城市基础设施建设、棚户区改造与保障房建设等业务。虽然各平台公司的具体经营项目、经营的具体内容各具特色，但却缺乏更高层面的统筹规划与协调，导致同质化竞争和资源浪费现象严重。

4. 经营空心化

平台公司作为独立的市场经济主体，理应以利润最大化为目标，以市场化业务经营为主要业务，但各级平台公司在行政化运行机制下，基本上以完成政府委托项目的建设任务为己任，无暇顾及自主决策的市场化经营项目，使业务经营出现空心化。平台公司市场化经营业务的空心化，不仅反映了公司经营自主权方面存在严重不足，而且直接导致了绝大多数平台公司经营亏损严重，市场化经营能力和市场化竞争能力弱化。

5. 资本资产虚化

平台公司在成立之初，政府承诺的货币资本、土地和实物资产等往往并未真正到位。平台公司在承接政府纯公益性项目时，政府往往承诺以土地等资产作为项目投资的补偿，但最后往往并没有通过土地招拍挂进行确权。如果将名义有效资产减去实际有效资产再除以实际有效资产计算资产虚化程度的话，则很多平台公司资本资产虚化的现象可能非常严重。

6. 风险显性化

由于政府长年以来各种公益性项目集中投放，导致各级平台公司集中融资借债，并且债务期限大体相同，这就不可避免地导致了各级平台公司的债务风险集中显现。特别是在 2018 年资管新规出台后，各平台公司融资出现困难，导致违约风险集中显现。许多平台公司的实际资产负债率明显偏高，甚至远远超过了 60% 的警戒线。

7. 内部机制僵化

各级平台公司内部机制僵化主要体现在公司内部决策机制、运行机制、激励机制、约束机制四个方面的不完善。从决策机制来看，各级平台公司都是国有独资企业，虽然具有独立的法人资格，但公司高层由党委、政府任命，从而导致公司不便拒绝来自政府的指令，使公司决策具有较强的地方政府依附性。集团总部职能机构也承担了较多的业务职能，内部子公司基本无决策权。从运行机制来看，由于公司内部具有不同的科层，因此使公司的内部运行摆脱不了行政化的运行机制，难以真正建立市场化的运行机制。从激励机制来看，工资总额受国资委的管控，公司高层按行政级别考核与取酬，中层与一般员工虽然有着不同的考核指标，但在实际执行中难以真正拉开差距按贡献取酬。从约束机制来看，存在较为明显的事前审批多，事后监督少的现象，一方面平台公司的投资项目、担保抵押、资产变动、中层人事安排等都需要向国资委报批或备案，使平台公司的市场化经营似乎捆住了手脚；另一方面监事会的职能发挥有限，没有真正建立起责任追究机制。平台公司这种僵化的内部机制使公司效率低下，阻碍了长远的可持续发展。

8. 竞争能力弱化

长期以来，由于平台公司政企关系不清，主要从事政府委托交办的建设项目融资、投资与建设经营活动，业务的多少取决于政府委托项目的多少，经营的效益取决于政府委托项目的条件，而没有真正地面对过市场。调查发现，各级平台公司只有极少数的项目是政府委托外的市场化经营项目，而这些项目的投资额基本不到平台公司项目总投资额的10%。而且平台公司在经营这些项目时，一方面既不能充分发挥自身核心业务的优势，又缺乏相应的管理和技术团队支撑；另一方面由于市场上正在从事这些业务的竞争对手机制灵活，管理团队和技术优势明显，平台公司在与这些企业的竞争中明显地处于劣势。更为关键的问题是，由于平台公司长期游离于市场化经营之外，公司整体上市场化经营观念淡薄，缺乏在市场上求生存和发展的勇气与斗志，更缺乏在市场中进行顽强拼搏、优胜劣汰的锤炼机会和生死博弈，从而导致公司竞争能力弱化，竞争优势日渐削弱。因此，政府各级平台公司加速进行市场化转型发展，不仅是当前国际国内经济发展形势所迫，更是平台公司自身谋求生存发展的必然选择，而且迫在眉睫。

七、国有企业相关人员安置的主要难点

1. 国有企业富余人员自身缺乏市场竞争力

国有企业富余人员的文化层次与专业技术水平一般较低，他们既不适应向高技术含量的企业流动，又不具备在劳动密集型企业中与农民工、临时工竞争的优势。特别是40~50岁以上的基层老职工，在家庭中处于“顶大梁”的地位，但由于国有企业基层职工的收入长期偏低致使员工没有过多的积蓄，自谋出路缺少资金支持，再加上这部分职工就业的心理压力问题，其再就业难度很大。他们的基本生活一旦失去保障，引起的社会问题就比较严重。另外，就当前我国社会来看，社会劳动保障水平还不高，无法从根本上解决富余人员的后顾之忧；全社会的就业渠道不宽，富余人员的择业范围受到限制；劳动力市场发育不成熟，提供就业的服务功能不完善，也影响了富余人员的流动。

2. 国有企业富余人员安置的政策不完善

近年来政府出台了不少关于下岗再就业的政策和规定，但总体上还缺乏系统性，相关职能部门之间的整体配套措施也不完善。由于政策宣传不到位，监督、检查和制约机制力度不够致使有些政策得不到很好的落实。另外，促进再就业的资金投入不足以及一些地方和部门对安置富余人员的重要性认识不足，难以形成齐抓共管的合力，给安置富余人员的工作造成极大的困难。有的部门和企业对富余人员存有偏见，认为安置富余人员是社会职能部门的事，不愿积极稳妥地组织富余人员走向市场，合理地分流安置富余人员。

3. 人员安置的经济补偿方式较为单一

国有企业改制普遍采用的是“一次了断型”的经济补偿，这种经济补偿方式会导致企业现金结余大幅减少，不利于企业的现金绩效管理，降低了企业抵御风险的能力，一旦在交易中出现突发事件，就会使资金周转不畅、陷入危机，在

加大政府即期补偿的同时，也不利于长久的社会保障体制的建立，是一种“耗散型”资金使用方式。

4. 失业保障制度和社会保障制度不健全

我国目前的失业保险制度不完善，失业保险覆盖面窄，经费来源单一，统筹范围小，导致救济水平低。我国的社会保障制度不健全，职工的养老、医疗、失业，退休人员的日常管理，下岗工人的经济补偿仍由企业承担责任，但国有企业，特别是一些经营不善的困难企业，它们与社会共享的那一部分社保资金没有得到充分的实现，导致被安置人员失业后的基本生活福利待遇缺乏有效保障。还有少数企业改制后，置员工的权益于不顾，把员工的工资和社会保险也“改”掉了，使员工失去了工资报酬和社会保障。

5. 安置资金无来源

国企效益不佳使安置费较难落实。安置人员需要大量的资金，但是由于部分国有企业经营亏损较大，一些企业甚至出现了负资产，导致无法通过资产变现来筹集资金。无资金支持，人员就难以得到有效及时妥善的安置。

第三章　推进国有企业改革的原则与目标路径

一、国有企业在国民经济发展中的重要地位

习近平总书记强调指出："国有企业是中国特色社会主义的重要物质基础和政治基础，是中国特色社会主义经济的'顶梁柱'。要按照党的十九大部署推动国有企业深化改革、提高经营管理水平，使国有企业成为贯彻新发展理念、全面深化改革的骨干力量，成为我们党执政兴国的重要支柱和依靠力量。"①

从国有企业数量表 3－1 和国有企业经济运行情况表 3－2 分析发现，国有企业的法人单位数在 2011—2012 年间数量较多，将近 16 万家；在 2013—2017 年间处于相对稳定的状态，在 13 万家左右；到了 2019—2020 年间，数量有了较大幅度下降，保持在 8 万家左右。国有企业经济运行情况基本向善，在 2014—2021 年间，国有企业营业总收入持续增加，利润总额波动上升，应缴税费稳步增长。2021 年，国有企业营业总收入 755543.6 亿元，同比增长 18.5%；利润总额 45164.8 亿元，同比增长 30.1%；应缴税费 53559.9 亿元，同比增长 16.6%。由此可见，国有企业在我国国民经济发展中担负着重大责任，是国家财政收入的重要来源之一。

① 2017 年 12 月 12 日习近平总书记考察徐工集团重型机械有限公司时强调。

表 3 -1　国有企业数量（单位：个）①

年份	2020 年	2019 年	2017 年	2016 年	2015 年	2014 年	2013 年	2012 年	2011 年
国有企业法人单位数	82155	74547	133223	132373	133631	130216	113254	159644	156323
国有控股企业法人单位数	293473	266434	325800	310992	291263	263348	220508	278479	261944

表 3 -2　国有企业经济运行情况（单位：亿元）②

年份	2021 年	2020 年	2019 年	2018 年	2017 年	2016 年	2015 年	2014 年
营业总收入	755543. 6	632867. 7	625520. 5	587500. 7	522014. 9	458978. 0	454704. 1	480636. 4
营业总成本		614685. 2	609066. 1	570431. 9	507003. 9	449885. 0	445196. 1	466605. 4
利润总额	45164. 8	34222. 7	35961. 0	33877. 7	28985. 9	23157. 8	23027. 5	24765. 4
应缴税费	53559. 9	46111. 3	46096. 3	46089. 7	42345. 5	38076. 1	38598. 7	37860. 8

表 3 -3　国有企业行业就业人数（单位：万人）③

指标	2020 年	2019 年	2018 年	2017 年	2016 年	2015 年	2014 年	2013 年	2012 年
国有单位就业人员	5563	5473	5740	6064	6170	6208	6312	6365	6839
农、林、牧、渔业	58	100	173	236	242	248	263	280	320
采矿业	18	15	17	34	45	55	72	97	256
制造业	46	39	73	124	159	181	208	233	369
电力、燃气及水的生产和供应业	102	114	134	160	176	179	193	199	218
建筑业	89	80	113	154	185	193	237	267	346
交通运输、仓储及邮电通信业	108	132	264	353	366	373	395	410	419
信息传输、计算机服务和软件业	26	20	25	27	34	36	37	49	66
批发和零售业	48	43	61	72	82	91	100	110	149

① 数据来源：国家统计局。其中未查询到 2018 年国有及国有控股企业法人单位数。

② 数据来源：中华人民共和国财政部。国有及国有控股企业，简称国有企业。其中 2021 年国有企业营业总成本未公布。

③ 数据来源：国家统计局。

续表

指标	2020年	2019年	2018年	2017年	2016年	2015年	2014年	2013年	2012年
国有单位就业人员	5563	5473	5740	6064	6170	6208	6312	6365	6839
住宿和餐饮业	21	21	26	32	35	37	42	46	58
金融业	69	89	126	143	149	147	146	148	152
房地产业	22	16	20	26	32	33	37	37	47
租赁和商务服务业	96	99	104	117	118	121	126	124	117
科学研究、技术服务和地质勘查业	152	150	183	206	215	213	225	224	233
水利、环境和公共设施管理业	122	130	168	196	204	211	212	208	209
居民服务和其他服务业	12	12	19	18	21	22	22	23	30
教育业	1637	1540	1565	1582	1594	1607	1603	1574	1567
卫生、社会保障和社会福利业	894	835	786	774	752	733	704	673	639
文化、体育和娱乐业	85	82	92	99	103	104	106	110	115
公共管理和社会组织国有单位就业人员	1957	1957	1792	1710	1658	1624	1585	1554	1529

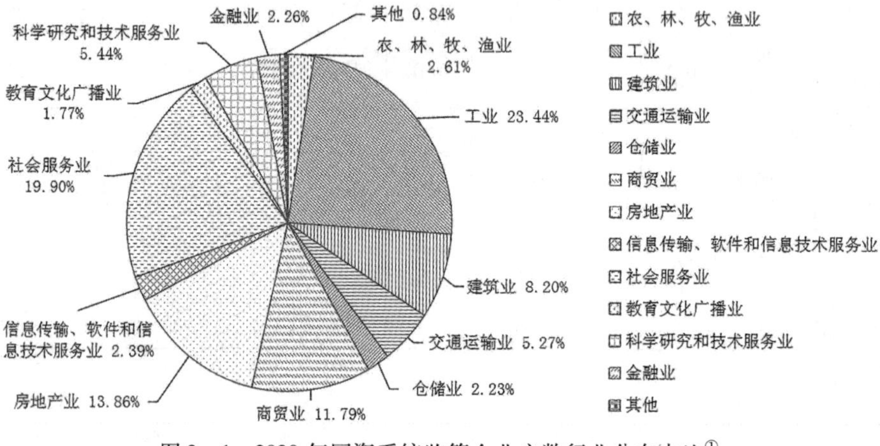

图3-1 2020年国资系统监管企业户数行业分布占比①

① 数据来源：中国国有资产监督管理年鉴。

从表3－3和图3－1发现，国有单位2020年就业人员5563万人，国有企业是国家保障就业的重要力量；国有企业所处行业范围很广，但分布不均；国资系统监管企业主要分布在工业、社会服务业、房地产业和商贸业等行业，这些行业是关系国民经济稳定与发展的重要行业，可见其为国家和谐发展肩负着重大责任。

二、推进国有企业改革的重要意义

1. 激发国有企业活力

国有企业普遍存在的最大问题是经营机制不活，市场竞争力不强，市场化程度不高。因此，要通过持续深化国有企业改革，以“市场化、专业化、国际化”为导向，完善中国特色的现代国有企业制度，实行资本授权经营机制，强化国企人才激励机制，激活国企内部经营机制，提高管理团队经营素质，提升经营风险管控能力，从而增强国企内在活力和市场竞争能力。

2. 推动国有资本做强做优做大

国有企业改革要坚持“三个有利于”的指导思想，以做强做优国有企业为价值取向，以提高经济效益为目标，以全面创新为根本途径，聚焦主营业务的发展，完善国有资本投资运营机制，优化内部管控体系，提高企业效益，增强企业活力，实现国有资本的保值增值，增强国有资本的影响力，推动国有资本做强做优做大。

3. 防止国有资产流失

国有企业改革要坚持问题导向，立足制度机制创新，强化国有企业内部监督、出资人监督和审计、纪检巡视监督和社会监督，形成全面覆盖、分工明确、协同配合、制约有力的国有资产监督体系，防止国有资产流失。

4. 推动国家经济持续稳健发展

通过做强做优做大国有企业、国有资本，提高国有企业社会贡献能力，可以更好地发挥国有企业在我国国民经济发展中的重要支柱作用，为保持国家经济持续稳健发展贡献力量。

三、推进国有企业改革的基本原则

1. 加强党的全面领导

习近平总书记强调："坚持党的领导、加强党的建设，是我国国有企业的光荣传统，是国有企业的'根'和'魂'，是我国国有企业的独特优势。"① 要确保党的领导在国企改革与发展中得到加强。要坚持党管干部的原则，建立适应现代企业制度和市场竞争要求的选人用人机制。要把加强党的领导与完善公司法人治理结构有机统一起来，强化企业独立法人地位，明确国有企业党组织在公司法人治理结构中的法定地位。发挥党组织把方向、管大局、保落实的核心作用，将党的领导融入公司治理各环节并制度化、规范化、程序化，厘清各治理主体权责边界。国有企业的改革与发展必须在党的领导下有序推进，必须沿着党所引领的正确方向"加油干"。

2. 坚持"两个不动摇"

习近平总书记强调："国有企业是推进现代化、保障人民共同利益的重要力量，要坚持国有企业在国家发展中的重要地位不动摇，坚持把国有企业搞好、把国有企业做大做强做优不动摇。"② 在国家重大工程和重大科技创新方面，国有企业特别是中央企业在许多重点领域掌握了核心关键技术。在关系国家安全、国

---

① 2016 年 10 月 10 日，习近平总书记出席全国国有企业党的建设工作会议并发表重要讲话。
② 2015 年 7 月 17 日，习近平总书记在吉林东北工业集团长春一东离合器股份有限公司考察。

民经济命脉和国计民生的重要行业和关键领域，在前瞻性战略性产业，国有企业发挥了关键作用。许多投资大、风险大、收益薄、周期长的基础设施、公共服务、国防科技、脱贫攻坚、民生改善等领域都是国有企业在承担重大责任。国有企业是我国国民经济发展的重要支柱，是党执政兴国的重要依靠力量，必须切实坚持“两个不动摇”，做强做优做大国有企业。

3. 坚持“三个有利于”

习近平总书记强调：“推进国有企业改革，要有利于国有资本保值增值，有利于提高国有经济竞争力，有利于放大国有资本功能。”① “三个有利于”是国有企业改革的价值判断标准，也是推进国有企业改革的目标指向和实践依据。

4. 抓好“四个着力点”

习近平总书记强调：“坚决破除体制机制障碍，形成一个同市场完全对接、充满内在活力的体制机制。创新是企业的动力之源，质量是企业的立身之本，管理是企业的生存之基，必须抓好创新、质量、管理，在激烈的市场竞争中始终掌握主动。”② 体制不顺、机制僵化是阻碍国企发展的根本原因，习近平总书记要求：“完善企业治理模式和经营机制，真正确立企业市场主体地位，增强企业内在活力、市场竞争力、发展引领力。”③ 按照习近平总书记关于国有企业改革的重要论述，国企改革必须理顺体制、创新机制，必须确立国企的创新主体地位及在国家创新体系中的引领作用，继续加大自主创新投入力度，加强创新人才队伍建设，建立健全内部创新激励机制，提高员工创新积极性。必须以产品服务质量为抓手，提升企业品牌价值。必须以科学管理为手段，打造世界一流企业。

---

① 2015 年 7 月 17 日，习近平总书记在吉林东北工业集团长春一东离合器股份有限公司考察。

② 2015 年 7 月 17 日，习近平总书记在长春召开部分省区党委主要负责同志座谈会。

③ 2016 年 10 月 10 日，习近平总书记出席全国国有企业党的建设工作会议并发表重要讲话。

5. 坚持“五大发展理念”

党的十八届五中全会提出了创新、协调、绿色、开放、共享的新发展理念。因此，国有企业在推进改革与发展时，也必须贯彻好“五大发展理念”：坚持创新引领，培育发展新动能，以全面创新引领发展质量变革，带动企业高质量发展；坚持协调发展，提升企业整体经营能力和价值创造能力，做好“加减乘除”，突出主业，强化优势，补齐短板，提高企业盈利能力；坚持绿色发展，牢树“绿水青山就是金山银山”的理念，坚定不移走可持续、可循环的发展道路；坚持开放合作共赢理念，积极实施“走出去”战略，既为国家“一带一路”的发展战略贡献力量，也是为了打造开放型经济、培育全球化领先企业，以国际化视野来谋划企业未来发展战略；坚持共享发展，积极承担社会责任，比如，国有企业通过混改之路，实现机制重塑、资源与优势互补，从而可以带动各类所有制企业及更多的产业实现高质量发展，同时也有助于国有企业及国有资本自身做强做优做大。

四、推进国有企业改革的目标

1. 实现市场化主体转型升级

国有企业改革要坚持社会主义市场经济改革方向，积极发现和培育市场，进一步简政放权，优化营商环境，从放活市场中找办法、找台阶、找出路。以市场化为导向推进国有企业改革，处理好“看得见的手”与“看不见的手”的关系，让市场在资源配置中起决定性作用，更好地发挥政府作用。要尊重市场规律和企业发展规律，推动国有企业管理体制机制深度变革，形成更加市场化的经营机制，使其真正成为适应社会主义市场经济的市场主体。

2. 推进中国特色现代企业制度建设

习近平总书记强调：“坚持党对国有企业的领导是重大政治原则，必须一以贯之；建立现代企业制度是国有企业改革的方向，也必须一以贯之。”① 要以规范经营决策、资产保值增值、公平参与竞争、提高企业效率、增强企业活力、承担社会责任为重点推进国有企业深化改革，全面推进规范董事会建设，完善法人治理结构，进一步理顺国有企业领导人员管理体制，积极探索建立国有资本产权代表、职业经理人的管理模式，形成企业优胜劣汰、经营者能上能下、员工能进能出、收入能增能减的市场化经营机制。建立中国特色现代企业制度是国有企业改革的一个重大课题，也是一个重大创新，也是国企改革的一个重要目标。

3. 不断完善国有资产监管体制

要进一步明确责任主体，明晰产权关系，建立相关机制体制，落实监管责任，完善相关法律法规，实现政企分开、政资分开和经营性国有资产监管集中统一全覆盖。要加快国有资产监管机构转型，以管资本为主，科学把握各类国有资产管理的特殊性，实行分类分层监管，建立全面覆盖、权责明确、规范高效的国有资产监管体系和监管机制。

4. 打造“国家队”和“世界一流企业”

要强化国有资本投资运营功能，通过国有资本重组整合和从低效无效行业领域退出，提高国有资本配置效率，促进一批优势产业和企业发展。要对标世界一流企业，深化国有企业改革，发展混合所有制经济，坚持高质量发展战略，重视企业品牌价值提升，以发展型战略应对复杂环境，培养全球化资源配置和管理能力，完善公司治理结构，优化集团管控模式，实现以人的创新为本的管理方法，激发员工创造力，把国企培育成为“国家队”和具有全球竞争力的“世界一流企业”。要培育一批自主创新等方面强，价值创造、可持续发展、社会形象等方面优，市场话语权、引领带动作用、对经济社会贡献等方面大的龙头企业。

① 2016 年 10 月 10 日，习近平总书记出席全国国有企业党的建设工作会议并发表重要讲话。

5. 提高国有资本配置效率

要推进国有资本进退调整，增强国有资本流动性，形成功能明确、流动顺畅的国有资本配置机制。加快国有资本与产业联动调整，优化国有资本布局结构，通过聚焦产业链、价值链，深化开放性市场化双向重组联合，形成具有核心竞争力的大企业集团和优势企业集群。要加快推进国有企业战略重组整合，改组设立一批国有资本运营平台、国有资产管理平台、产融投资平台、高新技术创业投资平台、轨道交通建设投资平台、基础建设投资平台，重点培育一批具有一定国际竞争实力和行业话语权的大型国有控股骨干企业，规范发展一批非国有控股的混合所有制企业，清理退出一批“僵尸”企业和长期亏损企业。

五、国有企业改革与发展的价值取向是做强

我国国有企业在国民经济中占据主导地位，国有企业改革与发展也成为国家经济发展的重中之重。2015 年中共中央、国务院印发了《关于深化国有企业改革的指导意见》，明确提出“做强做优做大国有企业”，党的十九大报告再次明确提出“推进国有资本做强做优做大”。可见，做强做优国有企业是国企改革的首要任务。唯有做强，才能不断增强国有经济活力、控制力、影响力、抗风险能力。国有企业改革应始终坚持以“有利于国有资产保值增值，有利于提高国有经济的竞争力，有利于放大国有资本功能”为指导方向，树立做强的价值取向。

1. 聚焦主营业务发展

聚焦主业并不是只做主业，而是先把主业做强做精。主业的发展是一个企业赖以生存的关键，是在竞争环境中站稳脚跟的重要支撑力量。国有企业改革应分类进行，商业类国企要按照市场要求和市场规律进行生产经营规划，业务板块应主次分明，持续提高主业市场的占有率。注重主营业务的发展，应着重于产品质量的提高、产品服务的提升、生产效率的提高、产品技术的创新等。公益类国企

应严格限定主业范围，加强主业管理，提高公共服务的质量和效率。

2. 增强技术创新力度

技术创新是创造新技术或以科学技术知识及其创造的资源为基础的创新，是企业竞争优势的重要来源，企业可持续发展的重要保障。技术是产业之源，产业创新建立在技术创新基础之上。技术创新力度主要看研发投入、研发人员配置、企业专利总数和企业年专利数。国有企业必须加强技术创新的投入强度，并完善技术创新管理，以真正增强国有企业的核心竞争能力。

3. 改善企业经济效益

经济效益最直观地反映出国有企业的运营情况以及未来发展前景与潜在威胁。国有企业在承担保障和改善民生的社会责任的同时，在企业经营中对内应切实加强内部管理，提高科学决策水平，有效规避各种重大投资决策失误，同时严格把控各类成本，特别是降低人工成本费用率；对外要切实增强市场竞争能力，积极开拓市场，扩大企业营收，实现自主经营、自负盈亏。国有企业要把提高市场占有率和净利润作为企业最直接、最重要的目标。

4. 提升企业品牌价值

企业品牌价值体现企业在未来市场上的发展态势和赢利能力，是消费者对企业的产品质量、性能和服务经过长时间的甄别所形成的，是企业综合实力的反映。企业品牌战略是多层次的太阳系结构，企业本身应处于品牌结构中的核心位置，通过多元化形成的多行业、多品类产品应围绕着核心品牌进行各自品牌的建立。例如，“阿里系”代表着以阿里巴巴为核心的一系列产品和服务。在中国，企业品牌价值的量化公式为品牌的市场占有能力、品牌的超值创利能力、品牌的发展潜力的总和，主要与销售额、利润额和潜力系数有关。潜力系数的主要决定根据是：

① 企业商标在国内外注册数量与范围；

② 品牌已经使用的时间年限；

③ 产品出口或海外经营状况；

④ 营销投入、研发投入等。

5. 提高社会贡献能力

社会贡献能力是企业承担社会责任的能力，主要有两个指标进行衡量：

① 社会贡献率。社会贡献率是企业对社会的贡献总额与企业资产的比值，其中，企业对社会的贡献总额是指企业在一定期间通过生产经营活动，为社会创造的价值，包括支付给职工的工资、奖金、津贴、劳保退休统筹及其他社会公益性支出、利息支出、各种税款及附加、净利等；

② 社会积累率。社会积累率是企业上缴财政的税费额与企业对社会的贡献总额之比。社会贡献能力的提高反映着企业的综合实力的增强。国有企业作为国家经济发展的重要支柱和企业系列的“国家队”，提高社会贡献能力是其必须担负起的重大社会责任。

六、国有企业改革与发展的根本途径是创新

创新作为企业发展的最大驱动力，是持续保持竞争优势的唯一途径。国有企业作为社会主义市场经济的重要组成部分，在优胜劣汰的市场环境下，应时刻秉承着创新思维和理念，保持核心领域关键技术的领先地位。习近平总书记强调：“国有企业要带头提高创新能力，努力形成更多更好的创新成果和产品，在创新发展方面发挥更大引领作用。”① “抓创新就是抓发展，谋创新就是谋未来。不创新就要落后，创新慢了也要落后。要激发调动全社会的创新激情，持续发力，加快形成以创新为主要引领和支撑的经济体系和发展模式。”② 经济全球化致使市场环境变化万千，市场需求变化节奏加快，国有企业尤其需要加强创新

① 2016 年 8 月 25 日，习近平总书记在青海考察时强调。

② 2015 年 7 月 17 日，习近平总书记在长春召开部分省区党委主要负责同志座谈会。

能力建设，以创新谋求发展，谋求做强做优做大。应重点在以下几个方面进行创新：

1. 核心技术创新

核心技术是国之重器，也是企业的命脉所在。从最近的芯片领域可知，自主创新成为大多数行业的重中之重。特定功能、国家命脉领域乃至军事领域的国有企业在关键核心技术上的突破，不仅仅关系着国家经济的健康发展，更是国家安全稳定的重要保障。习近平总书记强调："关键核心技术是要不来、买不来、讨不来的。只有把关键核心技术掌握在自己手中，才能从根本上保障国家经济安全、国防安全和其他安全。"① 国企应坚持创新驱动发展战略，推动核心技术突破。

① 发挥科技创新对核心技术的引领作用。习近平总书记指出："要突破自身发展瓶颈、解决深层次矛盾和问题，根本出路就在于创新，关键要靠科技力量"②。国有企业应始终坚持自主创新，深入分析领域内的先进企业，突破技术壁垒，强化重点领域关键环节的重大技术研发，要加强基础研究，强化原始创新、集成创新和引进消化吸收再创新。

② 积极发挥核心科技人员的创新效应。应充分发挥企业科技人员在核心技术研发、引进方面的关键作用，激发科技人员创新创业活力，以增强企业在市场竞争中的核心竞争力为目标来提高企业核心技术创新水平。

③ 核心技术与市场需求接轨。实践是检验真理的唯一标准，核心技术也要满足市场需要，也要充分研究当前和未来市场需求，真正实现技术带动产业链的发展，产生经济价值。习近平总书记强调指出："核心技术脱离了它的产业链、价值链、生态系统，上下游不衔接，就可能白忙活一场。"③

① 2018 年 5 月 28 日，习近平总书记在两院院士大会的重要讲话。

② 2013 年 3 月 5 日，习近平总书记参加十二届全国人大一次会议上海代表团的审议。

③ 2016 年 4 月 19 日，习近平总书记在网信工作座谈会上的重要讲话。

2. 管理机制创新

（1）经营机制的创新

① 决策机制的创新。决策机制是经营机制创新的核心，它是在市场经济下，为保证及时抓住市场需求以及准确做出对未来市场的预判的保障机制，是为企业战略规划、经营管理、投资运营、产品开发、融资管理等决策来进行保驾护航。在构建创新决策机制过程中，国有企业应充分实行资本授权经营机制，落实董事会责权，优化管控体系，建立顶层决策制度，明确权责清单，建立事项管理机制，避免决策效率下降。

② 激励机制的创新。国企高管“官本位”的思想牢固，行政化思想还未完全转变，企业家身份意识不强烈，优秀企业家的激励机制不完善，职业经理人无法充分施展手脚。激励机制能够推动企业经营管理实现优质、高效运行。对于商业类国企来说，创造利润和保障正确的投资决策是关键的任务，在国企市场化转型背景下，企业内部的干部人事制度和薪酬绩效考核制度也应顺应市场化潮流，实现干部能上能下，员工能进能出，拿经营绩效说话，薪酬与绩效考核直接挂钩，经营绩效与企业、部门和个人经营目标任务完成情况直接挂钩，“多劳多得”应贯彻到制度改革当中。

③ 约束机制的创新。国有资产监管体系在完善过程中，但还是存在监管不严导致内部人控制问题，造成腐败现象频发甚至国有资产流失严重。国有企业应完善监管体系，积极发挥纪检的监督作用和监事会的监管作用，建立市场淘汰机制，完善相关法律，充分结合审计机构的财务监管功能，形成全面覆盖的约束体系。

④ 发展机制的创新。发展机制应加强人才、技术、资金、信息等资源储备，形成不断学习的成长文化，保障企业自身不断提高经营管理素质和技术创新能力，并为企业的长远发展建立清晰的发展目标和战略规划，在企业经营机制中应能够保证决策者正确地处理企业的眼前利益和长远发展问题。

（2）管理制度的创新

企业的管理制度是伴随着企业的发展周期不断创新不断成熟的。随着企业的规模壮大、人员增多，管理制度应愈加灵活。国有企业见证了中国经济的发展历程，并在其中发挥着关键作用，是中国特色社会主义的重要产物。作为发展中国家的中国国有企业应时刻保持发展意识和创新意识，在建立中国特色的现代国有企业制度进程中，应充分吸收世界各国先进的管理经验，结合中国国情和自身特色，与现代企业制度相融合形成具有中国特色的现代国有企业制度。

① 建立中国特色的国有企业治理结构。建立起由党委会、董事会、监事会和经理层构成的相互依赖又相互制衡的治理结构，党委会与董事会、监事会、经理层“双向进入、交叉任职”，坚持党组织参与重大事项决策，坚持党管干部。充分发挥董事会的决策作用、经理层的经营管理作用、党组织的政治核心作用。

② 注重培养生产经营意识。生产经营以明确的净利润目标为导向，改变以往企业活力低下，职位职能不明的情况。员工工资与经营效益紧密挂钩，遏制“浑水摸鱼”和“国企养老”的现象。

③ 建立现代企业组织结构和管理制度。国有企业应适应社会主义市场经济竞争环境，形成适宜的企业组织结构和科学的内部管理制度。应根据企业自身情况合理设置部门结构，内部权责分工明确。

④ 完善国有企业各生产要素市场。应保证企业内部各生产要素有足够的开放性和流动性，与外部的资本市场、经理人市场及其他生产要素市场相适应。应吸引外来资本的进入，通过资本的重组来提高竞争力。应完善职业经理人制度，实现企业与劳动力市场的双向选择，激发内部竞争性，提升企业活力。

⑤ 加快人才成长速度。国有企业存在机制老套、激励弱化、人才匮乏、竞争意识薄弱等一系列问题。国企改革应十分重视人才引进、培育、开发和使用问题。为此应完善薪酬激励计划，推行职业经理人制度，建立“以人为本”的管理理念，实行分层分类管理，积极拓宽晋升渠道。

3. 管理方法创新

（1）管理思维的创新

① 系统思维。分析与处理问题时应从整体出发，思考整体的所有要素，以

防局部考虑所带来的偏见，导致问题处理产生差错。

② 深度思维。快速切换思考问题的视角；探索问题的根本原因及长远发展；有效应对信息流繁杂、事务琐碎的挑战；站在更高层面，以系统、宏观的视角认知和解决问题。

③ 开放思维。打开固定思维，从“百家畅谈”中整合所有不同的看法与建议，管理者应海纳百川，从头脑风暴中思考问题的答案。

④ 前瞻思维。突破局限思维，拨开眼前迷雾，真正看清事物本质，找出阻碍企业发展的因素，并预见未来发展的市场方向和需求，提前预设好面临新的挑战的准备，谋求在竞争环境中快准狠。

⑤ 战略思维。战略思维是对关系事物全局的、长远的、根本性的重大问题的谋划（包括分析、综合、判断、预见和决策）的思维过程。首先是对战略问题的思考和谋划；其次形成战略目标、战略规划、战略方针等；最后进行战略计划的实施、反馈和修正。

（2）管理手段的创新

① 民主管理。民主管理是相对于绝对服从绝对权威的管理而言的，即管理者在“民主、公平、公开”的原则下参与企业管理。民主管理体现了以人为本的管理思想，是一种唤醒人的主体意识，弘扬人的主体精神，发挥人的主体能力的管理方式。通过加强民主管理，让广大职工行使民主权利，多渠道广泛地参与企业经营管理，落实职工的知情权、参与权、表达权和监督权，不仅能为企业的发展建言献策，增强企业的凝聚力和向心力，还能最大限度地提高企业管理效能，构建和谐的劳动关系。

② 自主管理。自主管理是对民主管理的进一步发展，是员工根据组织的发展战略和目标，自主制定计划、自我监督、自我控制，实现组织目标，实现自己对自己的管理，是一种管理层通过对组织基层充分授权，激励基层组织和个人工作的自觉性和创造性的管理方式。自主管理注重人性要素，以激发人的潜能、调动人的积极性、发挥人的特长、实现人的价值为核心，注重员工的个人目标与企业目标的统一。

③ 文化管理。优良的组织文化有利于团队精神的培养及团队凝聚力的提高，能使员工对组织有一种强烈的归属感和认同感，从而在企业内部形成一股强劲的凝聚力，对每个员工起着引导、感召和融合作用，使组织成员将其个人目标与组织目标融合在一起，能最大化地实现组织目标。

④ 创新管理。在竞争激烈的市场环境中，创新是企业谋求高速发展、获取竞争优势的关键。无论是科技创新，还是组织创新，一切创新都取决于组织中人的创造力。组织中的每位员工都是组织的创新者，国有企业应设法发掘员工的创造力并创造一种具有创新氛围的组织环境。

4. 商业模式创新

商业模式创新是指企业在互联网、大数据、物联网和云计算等智能时代的环境下，通过改变价值创造的方式，瞄准市场需求，实现信息化管理，改变营销模式，创新盈利模式，进行生态系统的觅新、重构和补缺。

① 生态系统的觅新、重构和补缺。通过打造完整的生态系统，不断寻觅新的资源来补缺，甚至对原来生态系统的结构进行重构，来获得商业模式的创新。

② 以为目标群体创造价值为导向。互联网经济快速发展，大数据时代已经到来，市场需求变化加快，以目标群体的价值创造为导向的产品或服务创新日益重要，消费者的定制化需求愈加普遍。国企应根据市场变化细分市场，通过大数据分析，以定制化的产品或服务来贴切消费者的需求，获取潜在市场和利润。

③ 交易模式的改变。互联网、大数据等技术的出现是企业发展道路上的一场重大革命，供应链的环节急剧减少，企业与顾客的沟通模式发生巨大改变，企业在发展中为了减少成本、提高竞争优势，从内部减少产品/服务在形成过程中的经济附加值，出现了 B2C、O2O 等交易模式。

④ 盈利模式的创新。通过对收入来源、定价机制或成本结构进行重新设计，通过大数据、互联网和云计算等技术，来分析销售数据、市场变化情况、顾客的个性化需求以及顾客的特点，以寻找盈利点，使相关业务的盈利模式能够符合企业发展需要和市场发展需求。

⑤ 平台化的出现。由于互联网融入生活，信息的传播方式与速度的改变，云计算和大数据技术的运用，信息资源的开放和共享，产生了网络销售平台、大宗商品现货电子交易平台、物流云服务平台、金融综合服务平台、生活服务平台等。通过发挥平台创造和聚集价值的桥梁作用，驱动着企业不断进行商业模式创新。

5. 企业文化创新

国有企业应结合自身性质和特点，不断在企业文化上进行创新和发展。

① 全面定位的文化概念。将企业文化的概念定位在企业经营哲学、企业价值观、企业愿景使命、企业规章制度和企业形象等方面。

② 积极转变思想观念。国有企业要从原来的自我封闭、行政命令、平均主义和粗放经营中走出来，牢固树立适应市场要求的全新的发展观念、改革观念、市场化经营观念、竞争观念、效益观念等。

③ 充分吸收先进管理经验。国有企业应掌握现代化的管理知识和技能，吸收国内外先进管理经验。

④ 深入骨髓的创新精神。国有企业应紧盯国际国内行业发展动态，紧盯市场需求，及时地将外界的信息重新组合构造出新的创新决策。

第四章　推进国有企业结构优化与主业聚焦

一、推进国有企业结构优化与主业聚焦是国企改革的重大任务

由于历史的原因，在追求公而又公、纯而又纯的高度集权的计划经济时代，我国的国有企业为了满足国民经济迅速发展的需要，同时为了保障基本民生，我们几乎在所有领域、所有行业、所有地区、所有行政层级里都大力发展国有企业，形成了点多、面广、线长、纵深的几乎遍地开花、无所不包的国有企业产业布局、区域布局、层级布局。导致国有企业分布的产业结构、区域结构、行政层级结构、产品结构、技术结构、数量结构、规模结构等均不太合理，其具体表现为：在高新技术产业领域中真正具有核心竞争力的国有企业太少，国有企业研发和掌握更多的国之重器太少，技术与产品的研发与创新能力不强；国有企业在地区分布上没有更多地考虑资源禀赋，片面强调形式上的“均衡发展”，有点撒胡椒面；从行政隶属关系来看，中央、省、地、市、县、区、乡镇、街道，甚至机关、学校、军队等都有自己的国有企业；绝大多数国有企业中，高附加值、高技术含量的拳头产品少，具有世界一流竞争力的国有企业更是少之又少；从企业数量分布来看，国有企业在很长一段时间里占据了绝对份额，其他各类所有制企业占比非常之小；从规模结构来看，国有企业大而全、中而全、小而全的现象普遍存在，线太长、面太广、点太多、单个企业体量太小，没有以优势企业为龙头培

育出具有强大核心竞争力的高端产业链。最后导致的结果是国有企业布局不合理，主业聚焦严重不够，经济效益低下，竞争能力弱化。这是长期制约我国国有企业高质量发展的顽症。

要从根本上、整体上搞活我国国有企业，必须下大力气解决好国有企业的结构优化问题和主业聚焦问题，然后才能集中精力解决好国有企业的管理体制、经营机制、内部改革、创新引领、基础管理等其他问题。

为此，党的十九大报告明确提出："要完善各类国有资产管理体制，改革国有资本授权经营体制，加快国有经济布局优化、结构调整、战略性重组，促进国有资产保值增值，推动国有资本做强做优做大，有效防止国有资产流失。深化国有企业改革，发展混合所有制经济，培育具有全球竞争力的世界一流企业。""促进我国产业迈向全球价值链中高端，培育若干世界级先进制造业集群。"

其实，早在 2015 年 9 月中共中央、国务院发布的《关于深化国有企业改革的指导意见》中就指出："以管资本为主改革国有资本授权经营体制。改组组建国有资本投资、运营公司，探索有效的运营模式，通过开展投资融资、产业培育、资本整合，推动产业聚集和转型升级，优化国有资本布局结构；通过股权运作、价值管理、有序进退，促进国有资本合理流动，实现保值增值。""以管资本为主推动国有资本合理流动优化配置。坚持以市场为导向、以企业为主体，有进有退、有所为有所不为，优化国有资本布局结构，增强国有经济整体功能和效率。""紧紧围绕服务国家战略，落实国家产业政策和重点产业布局调整总体要求，优化国有资本重点投资方向和领域，推动国有资本向关系国家安全、国民经济命脉和国计民生的重要行业和关键领域、重点基础设施集中，向前瞻性战略性产业集中，向具有核心竞争力的优势企业集中。发挥国有资本投资、运营公司的作用，清理退出一批、重组整合一批、创新发展一批国有企业。"

二、推进国有企业产业布局与结构重组优化的具体路径

1. “有进有退”的调整国有企业产业布局

国有企业在某些产业的进入与退出，是对国有企业产业分布结构的再调整，是提高国有资产配置效率的必要途径。国有企业布局调整的具体实施方案可以概括为“三进三退”：

（1）国有企业应进入关乎国家安全、国民经济命脉的行业领域，以及高素质、高技术、新兴产业领域，逐渐从素质较差、技术水平较低的行业，以及不具有“制高点”地位的一般竞争性行业领域退出。

（2）国有企业应进入适宜国家垄断、民间投资者难以进入或不愿进入的领域，以及基础性、原料性、前向联系性强的上游产业（主要指重要资源和原材料的采掘和供应业，这些上游产业垄断性强，壁垒性高、技术复杂，而且决定着其他产业的发展），逐渐从下游产业（多指一般设备加工制造业）中退出，这样既能集中资金于基础性产业，又能给其他经济成分留下空间。

（3）国有企业应进入并占据社会公益性、福利性强的产业和部门，逐渐从非公益性、非福利性的产业中退出。国有企业的目标和任务与私有经济不同，它除了为获取一定利润来维持扩大再生产外，更重要的目标在于促进社会福利的最大化。总之，要推动国有资本向关系国家安全、国民经济命脉和国计民生的重要产业和关键领域、重点基础设施领域集中，向前瞻性战略性产业集中，向具有核心竞争力的优势企业集中。

2. “抓大放小”的整合国有微小型企业

现有的国有微小型企业大多是“小而全”的全能企业，专业化生产水平很低，更达不到规模经济的要求，技术装备和管理水平也普遍比较落后，本着资本优化，盘活资产存量原则，对于国有微小型企业：

（1）采取租赁经营、国有民营等经营方式，将这部分国有资产的财产使用

权和经营权转让给集体或个体。

（2）对绝大多数国有微小型企业可以采取兼并、控制或公开拍卖的方式将它们直接转变为非国有制企业。

（3）对于那些技术装备、厂房和场地条件尚好，适合为大型国有企业进行专业化配套协作服务的国有微小型企业，通过国有大型企业或企业集团对它们进行兼并、控股，建立起行业内或跨行业的产权联系纽带，充实基础产业、支柱产业中的国有企业力量。通过对国有微小型企业进行产权重组，相关行业中国有微小型企业数量会大幅减少，国家可以集中力量抓好国有大型特大型企业的建设。

（4）对于产业相近、行业相关、业主相同的国有企业通过合并、划转、并购股份合作、国有民营等方式实现联合，优势互补，进而实现中小微型国有企业产权转换，提高资源配置效率和专业化协作水平。

3. “因地制宜”的优化国有企业地区分布结构

国有企业产业结构布局的调整应根据各地不同的发展特点和条件，因地制宜地走出一条多层次、复合型的布局道路。

（1）正确、灵活地运用地区发展不平衡规律，根据资源开发和产业发展的需要，结合各地区的产业基础和条件，突出地区差异化优势，分类进行指导。

（2）选择条件较好的区位优先开发，率先进行重点区域产业结构的布局优化，确定各地的分工和发展重点，从整体上实现国有企业产业结构与布局的优化。

4. “限业经营”的聚焦单个国有企业核心主业

每个国有企业都要对自己主业有明晰的战略定位。要以是否可以形成企业核心竞争能力为标准，优化和整合企业的主业资产。通过对国有企业进行限业经营和剥离性资产重组，提高企业专业化能力和企业核心竞争力。限业经营是针对当下国有企业盲目多元化导致“大而全、小而全”的结构状况所提出的。限制的对象是国有企业所涉及的经营业务领域，原则是按照专业化的要求，对企业的经营业务进行拆分和整合，严格限制国有企业在不适合自身发展的领域经营，严格限制跨业经营，集中优势资源发展壮大主业，在主业领域内做强做大。剥离性资产重组主要是指将大中型国有企业中专用性不高的资产进行剥离，消除企业内部的负协同效应，使企业回归核心业务，改善企业的资本结构与业务结构，提高国有企业的专业化能力和竞争力。参考上海市国有企业改革的经验，可通过收缩国有资本运营战线，出售国有企业在非核心领域的国有资产，来实现剥离性资产重组，推进主业不突出的管理型企业转型为主业突出的经营实体，根据规模化、集约化、合理化的原则，加快企业内部结构重组。

5. “培育重点”的增强国有企业在高新技术领域主导引领地位

可以从以下五个方面着力：

（1）加快推动国有资本从不具备竞争优势、效率低下的企业退出；从高能耗、高污染产业以及相关产业的低端环节退出，将腾出的资源重点用于发展战略性高新技术产业，实现企业、社会和环境的协调可持续发展①。

（2）重点培育一批大型国有高新技术企业，利用其发展高新技术产业的禀赋优势，对高新技术产业形成主导引领作用。

（3）积极与央企开展对接合作，与其共同发展高新技术产业。

（4）国有高新技术企业要将科技创新和人才培养作为发展的重中之重，加大对 R&D 的投入，重视产学研的深度结合，增强企业的自主研发能力，掌握核心技术，对高新技术产业形成技术引领，实现国有企业在高新技术领域的主导作用。

（5）专门培养一批不参与产品生产，只专注于技术创新的科学研究型国有企业，以技术引领高新技术产业的发展，支撑高新技术产业走在全国乃至世界前沿。这类国有企业可采取国家财产、风投公司和民营企业等共同参与的混合所有

---

① 2014 年北京市《关于全面深化市属国资国企改革的意见》。

制模式，与负责产品生产的企业开展长期合作，共同促进高新技术产业科学、健康地发展。

三、国有企业应当实行“主业聚焦”战略

1. 国有企业为什么要实行“主业聚焦”战略

我国相当一部分国有企业资本配置偏离其基本的功能定位，所涉行业领域过宽，结构不合理，直接导致了国有企业资金投向分散，难以集中优势发展主营业务，缺乏核心竞争能力。因此，对肩负不同功能的国有企业，应该根据其基本的功能定位实施“主业聚焦”战略，通过严格限制其经营领域，做优、做强主业，真正增强国有企业在特定行业领域内的核心竞争能力，从而发挥国有企业在特定领域内的主导和引领作用。

功能分散、业务结构不合理，主业不突出是我国国有企业的通病，这无疑导致了国有企业整体抑或是单个国有企业都缺乏核心竞争能力。这一问题的存在既有其复杂的历史原因，也受到当下新经济模式的影响。首先，改革初期国有企业在国民经济中占有绝对优势，在短缺的计划经济时代下多数产业表现为供不应求的市场，于是通过建立起数量庞大的国有企业，来实现产量的增加也是历史的必然。国有企业作为当时最普遍而广泛的企业组织形式，遍布于国民经济各个行业和领域。其次，“一业为主，多种经营”曾是国有企业早期改革中的一项指导原则，在此思想的指导下，不乏一些国有企业通过多种投资扩展了企业的经营范围，且更多的是无关联多元化经营，造成了国有企业这种过分强调企业绝对规模扩张的行为。再者，国有企业经营管理者的个人目标通常与企业规模相联系。一方面，企业规模越大，经营管理者所能控制的资源就越多，他们能够得到的收入也就相应越高，能够享受的各种待遇的等级也就越高。因此，国有企业管理者以能够获得更多可控资源或可支配收益为内在动机，表现出对企业规模不断扩张的冲动。致使我国国有企业的规模扩张更多地表现为一种无关联多元化，同时存在“企业办社会”职能，造成国有企业规模在不断扩大，但效率却是不断恶化。另

一方面，互联网经济、电商经济、跨界经济等的蓬勃兴起也使得市场竞争环境日趋激烈，因此企业采取的战略更加倾向于差异化与多元化，跨行业发展便成了众多国有企业的首选战略。

2. 国有企业过度多元化经营的种种危害

国有企业是一类特殊的企业，既有“资本”的一般属性，又有“国有”的特殊属性，是公共功能与经济功能的结合体。然而，相当一部分国有企业其资本配置偏离其基本的功能定位，不适当地覆盖到一般竞争性行业领域内，分布量大并且增长迅速；而在涉及公共服务、高新技术、科学研究等基础性、战略性领域进入不够，造成了国有资本主导功能不强以及企业国际经营能力偏低，国际竞争能力偏弱等一系列问题。在单个企业涉及领域过广、整个国有企业行业布局过宽、结构不合理、功能分散等问题，产生了如下一系列的影响：

一是单个国有企业主业不突出，缺乏核心竞争力。部分国有企业为求扩大经营范围而盲目进入一个新的行业，造成其扩展业务无法得到主业在技术、市场开拓等方面的有力支持，相反还分散了主业的经营资源和注意力，出现主业的竞争力严重削弱、负协同效应突出等“大企业病”症状。直接导致了单个国有企业规模大而不强，在面对日益激烈的国际、国内竞争时缺乏核心竞争能力，难以真正成为具有国际竞争力的大企业。

二是产生比较严重的“挤出效应”，迟缓了某些行业的发展速度。由于国家加强对大中型国有企业的扶持力度，政策法规与投资信贷等均向其进行倾斜，所以当对国有企业的投资领域大幅拓展时，极有可能造成对民营企业固定资产投资的挤出和市场空间的挤出，形成“挤出效应”①。这不仅会加大国有企业对垄断行业的控制力，还间接推动相当部分国有企业直接面向竞争性行业，这在一定程度上挤压了民间资本的投资机会和发展空间，也间接导致了某些行业因国有企业

① 按照西方经典经济学解释，“挤出效应”是指增加政府支出或投资，直接或间接挤走了私人消费和投资，从而导致因增加政府支出或投资所增加的均衡产出因私人消费或投资的减少而被部分或全部抵消的作用。

的存在而发展迟缓，缺乏发展活力与行业竞争力。

三是扭曲供给均衡价格，破坏市场公平竞争机制。国有企业依靠国家的特殊政策或凭借优势地位就可以获得高额利润；或者是以政策性补贴，如业务亏损补贴、价格补贴、金融部门的补贴等来降低生产成本；更甚者，当国有企业面临亏损危及税收时，政府就有可能对其以税收豁免或者是减免退税等形式加以扶持，其中最常见的是投资和贷款补贴，企业可以以各种名目得到政府的优惠贷款、技术改造贷款、鼓励兼并贷款等，企业就这样不断“吃财政”“吃地皮”“吃厂房”，直到最后，耗尽了所有可“吃”之物时，企业才会破产。因此，当国有企业涉足领域过广，尤其是大量进入到竞争性行业领域时，必然会破坏原本由市场机制所决定的供给均衡价格，市场竞争的公平机制也会在这种政府预算的保护下受到破坏，进而不能充分发挥市场在资源配置中的决定性作用，阻碍了良好的市场秩序的建立，并降低了整个社会资源配置的效率。

因此，应根据不同的功能定位，对国有企业所涉足的行业进行精确划分，按照专业化分工协作的原则，对国有企业的经营业务进行拆分和整合，严格限制国有企业在不适合自身发展的领域经营，严格限制其只能在特定领域内精干主营业务，集中力量发展优势产业，真正提高国有企业在特定行业领域内的核心竞争能力，发挥国有企业在特定领域内的主导和引领作用。进而，不断提高国有资产的产业集中度，优化我国产业布局和结构，提高国有企业的营运效率以适应市场经济的需要，真正增强国有经济的活力、控制力和影响力，发挥国有经济要在国民经济中的主导作用。

四、国有企业如何实现“主业聚焦”的对策建议

1. “主业聚焦”关键要厘清国有企业功能定位

国有企业具有经济功能和公共功能双重属性，为实现功能转换，必须依据两种功能的相对关系对国有企业进行分类改革。

首先，对具有特定功能性的功能类国有企业，应建立产业准入负面清单，严

格限制其不能跨行业经营，只准许其在特定领域内将所涉主营业务做优、做强。这类国有企业主要是指处于涉及国家安全的行业、支柱产业和高新技术产业的企业，主要包括军工、石油、天然气、石化和高新技术产业等，而且这类领域可以随着国家的经济发展及战略变化而变化，这类企业既需要充当国家政策手段，又需要追求盈利，以促进自身的发展壮大，从而发挥对国家经济安全和经济发展的支撑作用。

其次，对提供公共产品和公共服务的公益类国有企业，应尽快剥离非公益性业务，以实现公共政策性目标为宗旨，专心致志提供公益保障性业务，严格限定其运营资源只准用于保障民生，禁止跨行业经营。主要包括城市供水供气、公交网管、市政公用运营资源等重要民生领域企业。这类企业被赋予了强制性社会公共目标，不以盈利为主要目的，其作用是直接提供公共服务，维护社会正常运转。

最后，对竞争类国有企业，需要加快优化产业布局和重组，提高产业集中度。其中，对处于关键性竞争领域内的国有企业，要严格限制其产业发展领域，集中优势强化主营业务，提高国有企业的竞争实力，进而加强对关键领域的控制力和带动作用；对处于一般性竞争领域内的国有企业要积极引入市场机制，实行优胜劣汰；对低效无效的资产或“僵尸”国有企业，则实行彻底退出。

2. “主业聚焦”重在做强、做优主业上下功夫

对于国有企业来说，关键是把主业做强做优。如果单纯追求企业规模，把摊子铺得很大，范围铺得很宽，主营业务不突出，不具备核心竞争能力，即使短时期能有较快发展，长期发展也会缺乏后劲，更谈不上成为具有国际竞争力的大企业大集团。因此，每个国有企业都要对主业有自己明晰的战略定位。要以是否可以形成强大的企业核心竞争能力为标准，优化和整合企业的主业资产，围绕主业配置资源，加快主业发展，提高企业专业化能力和企业核心竞争力。同时，对国有企业的考核重点要放在主业上，在目标考核体系中大幅加强主营业务的考核权重，促进国有企业把主要精力放在做优、做强主业上。在具体的实施方法上，可通过与世界一流企业进行“对标”来强化国有企业主营业务。近两年，中国石

化、中国海洋石油集团有限公司、中国宝武钢铁集团有限公司等一批企业开展与国际同行业先进企业的“对标”工作，收到较好效果。具备一定条件的国有企业都可以开展这项工作，瞄准同行业国际一流企业，逐项指标进行对照，找出自身的差距，制定措施，缩小差距，不断提高竞争能力，努力使自己成为具有国际竞争力的行业排头兵，力争早日进入世界一流企业的行列。国家要通过全力推进国有经济布局和结构的战略性调整，引导企业强抓主业，努力培育30～50家真正具有国际竞争力的国有及国有控股的大公司、大企业集团。

3. “主业聚焦”要加快实施主辅分离、辅业改制

相当一部分国有大中型企业承担着大量不能创造利润的非经营性业务，费用负担过重，人员负担过重，盘子摊子过大，而主业竞争力不强，这既分散了企业经营精力，降低了企业净资产收益率，又提高了企业的资产负债率，严重影响了企业主业的运营效率。因此，国有企业必须剥离与主业关联度不高和长期处于亏损的业务，剥离非主业业务和企业办社会等职能，以便集中精力发展主营业务。此外，要妥善解决历史遗留的辅业问题，从推进辅业产权制度改革入手，稳步实施主辅分离，改变国有企业长期以来存在的“大而全、中而全、小而全”的格局，集中力量发展壮大主营业务，并切实提高其核心竞争能力。

4. “主业聚焦”需要国有企业大力实施创新驱动

纵观世界500强企业的一个显著的特征就是主营业务突出，核心竞争能力强，市场占有率高，产品品牌优势明显，行业话语权强大。而要强化核心竞争能力的关键就在于提高企业的技术创新、体制机制创新、经营管理创新等一系列自主创新能力。面对当下如此复杂多变的国际经济政治环境，国有企业要想在其主业领域内成为具有国际竞争力的大企业，甚至成为全球行业领域内的行业标杆，成为具有行业话语权和行业风向标的领先企业，就必须大力实施创新驱动。

加强国有企业的技术创新能力、特别是关键核心技术及原创性技术创新能力是关键。一是把企业自主创新能力指标纳入国有企业负责人经营业绩考核体系；

二是引导国有企业加大科技创新投入，瞄准技术发展方向，真正建立起主业突出、规模适当、结构合理、竞争能力强的科研生产体系，努力建设一批国家和省级工程研究中心、技术中心；三是实施“人才强企”战略，引导国有企业加快培育人才、集聚人才、用好人才，建立自主创新和优秀人才脱颖而出的机制，形成自主知识产权和核心技术以及科技人才队伍；四是科学选择自主创新模式，协调推进原始创新、集成创新和引进消化吸收再创新，也可以组建创新联盟，深入推进产、学、研深度融合，推动国有企业形成一批自主品牌以及拥有技术优势的拳头产品，实现从资源依赖型向创新驱动型转变。

此外，面对经济形势和科学技术的快速变化，国有企业需要大力推进体制、机制和经营管理创新，要求国有企业真正建立健全现代企业制度，充分调动和发挥每一名员工的积极性和创造性，能够实现权责明晰、运转顺畅、经营灵活、主业鲜明、优势明显、过程高效和成本可控。

第五章 国有企业分类改革与国有资本授权经营

一、国有企业分类改革的背景与意义

国有企业进行分类改革之前，面临三方面主要问题：一是同质化问题严重。很长一段时期，国有企业实质上缺乏明确的功能界定和分类管理，导致企业自身使命和目标冲突，改革政策难以有效落实，政府也很难对不同功能的企业实施不同的监管政策，进而导致国有资产配置效率不高、同质化问题严重。二是国有企业定位不准导致出现职能冲突现象。部分国有企业对自身定位不准，经常面临着“营业性使命”和“公益性使命”的冲突，导致国有企业相关改革措施在这类企业中难以得到有效开展和贯彻落实。三是“一刀切”现象严重影响了部分国有企业的改革发展进程。由于未对国有企业进行科学具体的分类，国资监管机构难以制定差别化的监管政策，进而出现“一刀切”的现象。“一刀切”现象导致部分国有企业难以根据自身问题实事求是地对症下药，企业想要进行深化改革更是难以实现，最终导致企业发展受限。

早在2015年，《中共中央 国务院关于深化国有企业改革的指导意见》[①] 就明确提出要分类推进国有企业改革，将国有企业分为商业类和公益类。明确了商业

① 《中共中央 国务院关于深化国有企业改革的指导意见》（中发〔2015〕22号）。

类国有企业以增强国有经济活力、放大国有资本功能、实现国有资产保值增值为主要目标，按照市场化要求实行商业化运作，依法独立自主开展生产经营活动，实现优胜劣汰、有序进退。其中，主业处于关系国家安全、国民经济命脉的重要行业和关键领域、主要承担重大专项任务的商业类国有企业，要以保障国家安全和国民经济运行为目标，重点发展前瞻性战略性产业，实现经济效益、社会效益与安全效益的有机统一。公益类国有企业以保障民生、服务社会、提供公共产品和服务为主要目标，必要的产品或服务价格可以由政府调控；要积极引入市场机制，不断提高公共服务效率和能力。

同年，国务院国有资产监督管理委员会、财政部、国家发展和改革委员会联合印发的《关于国有企业功能界定与分类的指导意见》（以下简称《指导意见》）[①] 则在国有企业功能分类的基础上，对分类改革、分类发展、分类监管、分类定责和分类考核等五项分类改革措施进行了具体阐述，并提出应努力实现“一类一策”“一企一策”，条件成熟的企业甚至可以进行“一业一策”，以做到对不同国有企业的监管因企施策进行差异化管理。

国有企业功能界定与分类改革是新形势下深化国有企业改革的重要内容，是因企施策推进国企改革的重要前提，在国有企业改革历史进程中具有重要意义。国有企业功能界定与分类改革是立足国有资本的战略定位和发展目标，结合不同国有企业在经济社会发展中的作用、现状和需要，根据主营业务和核心业务范围所作出的战略性制度安排。这一方面极大地推动了国有企业与市场经济深度融合以及国有企业法人治理结构的完善，另一方面国有资本布局得到不断优化、国有资本配置效率也有明显提高。此外，国有资产监管的针对性和有效性也得到了增强，同时促进了国有企业经济效益和社会效益的有机统一。

分类改革为国有企业改革注入了新活力，但如何更好地进行分类，未来应更加细化，应充分考虑不同国有企业的特点，有针对性地推出改革措施，以更好地适应国有企业进一步发展的需要和实现国有企业分类改革的战略初衷。

---

① 《关于国有企业功能界定与分类的指导意见》（国资发研究〔2015〕170号）。

二、国有企业分类改革的具体内涵

1. 分类推进改革

商业类国有企业要按照市场决定资源配置的要求，加大公司制股份制改革力度，加快完善现代企业制度，成为充满生机活力的市场主体。公益类国有企业可以采取国有独资形式，具备条件的也可以推行投资主体多元化，还可以通过购买服务、特许经营、委托代理等方式，鼓励非国有企业参与经营。

2. 分类促进发展

商业类国有企业要优化资源配置，加大重组整合力度和研发投入，加快科技和管理创新步伐，持续推动转型升级，培育一批具有创新能力和国际竞争力的国有骨干企业。公益类国有企业要根据承担的任务和社会发展要求，加大国有资本投入，提高公共服务的质量和效率。要严格限定主业范围，加强主业管理，强化主业经营，重点在提供高质量公共产品和公共服务方面做出更大贡献。

3. 分类实施监管

商业类国有企业要坚持以管资本为主加强国有资产监管，重点管好国有资本布局、提高国有资本回报、规范国有资本运作、维护国有资本安全。建立健全监督体制机制，依法依规实施信息公开，严格责任追究，在改革发展中防止国有资产流失。公益类国有企业则要把提供公共产品、公共服务的质量和效率作为重要监管内容，加大信息公开力度，接受社会监督。

4. 分类定责考核

对商业类国有企业，要根据企业功能定位、发展目标和责任使命，兼顾行业特点和企业经营性质，明确不同企业的经济效益和社会效益指标要求，制定差异化考核标准，建立年度考核和任期考核相结合、结果考核与过程评价相统一、考核结果与奖惩措施相挂钩的考核制度。对公益类国有企业，重点考核成本控制、产品质量、服务水平、营运效率和保障能力，根据企业不同特点有区别地考核经营业绩和国有资产保值增值情况，考核中要引入社会评价。

三、国有资本授权经营的背景

1. 当前国有资产管理体制存在的主要问题

当前国有资产管理体制存在不少问题，主要有：

(1)“婆婆”管得太多，政企不分、政资不分问题突出。部分地方政府或国资监管机构存在过多干预企业自主经营行为，出现政企不分、政资不分的现象。

(2) 监管机制失灵。国有资产监管越位、缺位、错位问题交织。国资监管实际过程中，部分地方国资委由于自身定位不明确，对国有企业、国有资产的监管出现了越位、缺位、错位的现象，这使得国有企业无法拥有一个具有市场活力的监管环境和行动空间，一定程度上阻碍了国有企业市场化改革的进程。

(3) 出资人代表机构与国家出资企业之间权责边界不够清晰。国资委作为国有出资人代表机构，在国有资产监管系统中没有调整好自己的职能和定位，与国家出资企业之间的权责边界一直比较模糊。

(4) 国有资本运行效率低下，管理不够专业。国资委对国有企业进行宏观和微观管理过程中，对管理职能和管理方式以及对不同类型企业的监管模式难以做到有效把控，优化国有资本结构布局难以实现，最终导致国有资本整体配置效率和运行效率低下。

2. 国有资本授权经营体制改革的主要目标

随着国有企业分类改革不断深入，国有资本的授权经营体制也应进行相应改革，要求出资人代表机构要加快转变职能和履职方式，减少对国有企业的行政干预，赋予企业更多经营自主权。国有资本授权经营改革的主要目标是要实现国有资本市场化运作，以提高国有资本的配置效率和运营效率。具体而言，主要体现在三个方面：

（1）完善国有资产管理体制。改革国有资本授权经营体制是完善国有资产管理体制的重要举措。国有资产的管理理念正从管微观企业向管资本转变，而这就必然要求加强企业的经营自主性，通过授权放权赋予企业以市场活力。

（2）确立国有企业的市场主体地位。改革国有资本授权经营体制是培育国有企业成为独立的市场主体的重要前提。科学合理的国有资本授权经营体制能为国有企业做到自主经营、自负盈亏、自我发展、自我约束以及自担风险提供良好的体制保障。

（3）推动国有企业打造灵活高效的市场化经营机制。改革国有资本授权经营体制同样也是推动国有企业打造灵活高效、市场化经营机制的重要手段。国有企业只有先在管理体制上松绑，才能逐步实现经营上的市场化和自主化，也才能最终真正地提高资源配置效率和市场竞争能力。

2018 年 7 月，国务院下发《国务院关于推进国有资本投资、运营公司改革试点的实施意见》（以下简称《实施意见》），明确了国有资本投资、运营公司的功能定位、组建方式、授权机制、治理结构及运行模式，并推进了对国有资本投资、运营公司的放权授权，将包括国有产权流转等决策事项的审批权、经营班子业绩考核和薪酬管理权等授予国有资本投资、运营公司。此后，2019 年 4 月 28 日，国务院印发了《改革国有资本授权经营体制方案》（以下简称《方案》），对新形势下国有资本授权经营体制进行了相应的具体指导，以解决国有企业资产管理体制上存留的历史问题以及复杂多变的经济环境下面临的新挑战。授权放权主体除了国有资本投资、运营公司，还扩至其他商业类企业（含产业集团）、公益类企业，并明确了其他相关重大事项。该《方案》强调优化出资人代表机构履职方式，实行清单管理，强化章程约束，发挥董事会作用，创新监管方式。该《方案》包含了近年来对国有资本授权经营体制改革的相关经验，并进行了许多突破和创新，是未来国有资本授权经营体制改革的指导性文件。

四、国有资产授权经营的内涵

1. 国有资产授权经营的对象

根据国发（〔2019〕9号）《改革国有资本授权经营体制方案》文件精神，国有资产授权经营的对象主要包括：（1）国有资本投资、运营公司。《实施意见》明确提出通过改组组建国有资本投资、运营公司的方式来改革国有资本授权经营体制，而《方案》则着重强调了国有资本投资、运营公司应根据企业自身条件来明确授权放权的具体内容。（2）其他商业类企业、公益类企业也可参与。对于未纳入国有资本投资、运营公司试点的其他商业类和公益类企业，虽然《方案》没有对其具体的授权内容进行具体展开，但这些企业也可以参与国有资本授权放权改革，它的核心在于落实企业的经营自主权，出资人代表机构只通过股权关系来参与公司治理，不能干预下级企业的具体经营工作。

2. 国有资产授权经营的具体事项①

《方案》对于国有资本投资、运营公司授权的具体事项作出了明确规定：

（1）战略规划和主业管理。一方面，国有资本投资、运营公司可以以出资人代表机构的战略引领为依据，自主决定企业发展规划和年度投资计划，其中主要应围绕主业展开经营布局。另一方面，一定程度下放产权管理权利，如审核非上市公司产权无偿划转、非公开协议转让、非公开协议增资、产权置换等。

（2）选人用人和股权激励。授权国有资本投资、运营公司董事会建立市场化选聘体系，探索按照差额方式进行经理层选聘以及推行职业经理人制度等。对市场化选聘的职业经理人实行市场化薪酬分配制度，完善中长期激励机制。授权国有资本投资、运营公司董事会审批子公司股权激励方案，支持所出资企业依法合规采用股票期权、股票增值权、限制性股票、分红权、员工持股以及其他方式

① 《改革国有资本授权经营体制方案》（国发〔2019〕9号）。

开展股权激励。

（3）工资总额和重大财务事项管理。一方面，工资总额可根据企业发展战略、经营状况、薪酬策略、年度经营目标和经济效益情况等自主确定，实行预算备案制管理。实施这类事后备案制是逐步扩大企业经营自主权的重要体现。另一方面，授权国有资本投资、运营公司自主决策重大担保管理、债务风险管控和部分债券类融资事项，使企业进一步实现自主经营、自负盈亏和自担风险。

3. 国有资产授权经营的方式

（1）依法依规、权责对等，实现政企分开、政资分开。以《中华人民共和国公司法》和《中华人民共和国国有资产法》为遵循，采用权责对等原则，实现政企分开、政资分开。将政府公共管理职能与国有资本出资人职能分开，依法理顺政府与国有企业的出资关系，依法确立国有企业作为真正独立的市场主体地位，最大限度减少政府对市场活动的直接干预，给予国有企业完整的法人财产权和充分的经营自主权来承担国有资产保值增值责任。

（2）一企一策、因地制宜，实现权责明晰分类授权。出资人代表机构在保障国有企业享有完整的法人财产权和充分的经营自主权基础上，应按照功能定位、治理能力和管理水平等企业实际发展情况，给予国有企业不同范围、不同程度的授权放权。

（3）动态调整、定期评估，实现放管结合、放管到位。实践中，国有企业在授权经营上通常出现“放权不足”或“放权过度”的现象，这在一定程度上延缓了国有企业改革的进程。为有效实现放管结合，应加强监管、动态调整及定期评估，做到该放的要放权到位、该管的要管住管好，以有效防止国有资产流失，确保国有资产保值增值。

4. 加强行权能力、优化履职方式

（1）完善公司治理体系和治理机制。把加强党的领导与完善公司治理有机统一，建设规范高效的董事会，激发经理层活力，建设好中国特色的现代国有企

业制度。其中，加强董事会建设是重中之重，应完善董事会运作机制，提升董事会履职能力，健全外部董事制度以及完善细化外部董事选任机制和与出资人的沟通机制。要积极推行职业经理人制度，实行市场化选聘和契约化管理，强化激励机制与刚性考核机制，建立退出机制，要让真正懂经营、会管理的职业经理人在国有企业的市场化经营中大显身手。

（2）夯实企业管理基础。包括加强国有资产的基础管理；优化企业总部职能和管理架构，提高企业运作效率；深化干部、人事、薪酬制度改革，实现管理人员能上能下、员工能进能出、收入能增能减；完善企业内部监督体系。

（3）优化集团管控模式。以战略性核心业务控股为主的国有资本投资公司应建立以战略目标和财务效益为主的管控模式；以财务性持股为主的国有资本运营公司则应建立财务管控模式；而其他商业类、公益类企业是以核心业务控股为主，所以应建立战略管控和财务管控相结合的管控模式。集团内部要简政放权，精干总部，强化生产经营一线，着力搞活子公司。

（4）提升资本运作能力。一是平台层面，国有资本投资、运营公司应以资本为纽带、以产权为基础，充分发挥平台作用开展资本运作；二是产权层面，应积极进行混合所有制改革，鼓励国有企业上市，引进战略性投资，提高资本流动性，以放大国有资本功能；三是业务层面，通过清理退出一批、重组整合一批、创新发展一批，促进国有资本完成形态转换，将变现的资本投向更需要国有资本集中的重点行业和关键领域。

五、加强股权投资管理

随着国有资本授权经营体制的改革以及国有资本投资、运营公司的组建及运作，许多国有企业以参股等多种方式与各类所有制企业合资合作，这对提高国有资本运行和配置效率、放大国有资本功能、发展混合所有制经济起到了重要促进作用。但实践中也存在部分国有企业参股投资决策不科学严谨、国有股权管控不到位、股权投资效益低下甚至有“关系投资”“人情投资”“长官意志投资”“迫于压力投资”“盲目投资”“低效无效投资”等问题，这些都严重影响了国有资本配置效率，甚至造成了国有资产流失。为此，国务院国资委于 2019 年 12 月发布了《关于中央企业加强参股管理有关事项的通知》，于 2020 年发布了《关于做好 2020 年中央企业违规经营投资责任追究工作体系建设有关事项的通知》，这两个通知对国有企业股权投资管理规范参股投资、加强参股国有股权管理、完善投后管理办法、强化监督问责等方面进行了明确规定，目的是形成以管资本为主的国有资产监管体制，对国有企业股权投资进行规范操作和强化监督，以切实维护国有资产安全、国有资本安全乃至重要产业安全。

1. 规范参股投资管理程序

根据国资发改革规〔2019〕126 号《关于中央企业加强参股管理有关事项的通知》[①] 精神和要求，国有企业参股投资应重点做好以下几个环节的工作：

（1）严把主业投资方向。严格执行国有资产投资监督管理的有关规定，坚持聚焦主业，严格控制非主业投资。其中应严格监管国有企业投资项目负面清单规定的商业性房地产等禁止类业务，防止少数企业通过参股等方式进行此类禁止类业务开展，规避主业监管要求。

（2）严格甄选合作对象。应充分进行尽职调查，利用各类信用信息披露平台以及第三方调查等方式严格审查合作方的资格资质信誉，选择经营管理水平高、资质信誉好的合作方。

（3）合理确定参股方式。要结合企业经营发展需要，合理确定持股比例，以资本为纽带、以产权为基础，依法明确各方股东权益。不得以约定固定分红等“名为参股合作、实为借贷融资”的名股实债方式开展参股合作。

（4）完善审核决策机制。国有企业党委（党组）应对参股投资决策权向下授权这类重大事项先进行研究讨论，再由董事会或经理层决定，同时授权的管理层级原则上不能超过两级。此外，超出一定额度的参股投资，应纳入“三重一大”事项范围，交由集团公司决策。

① 《关于中央企业加强参股管理有关事项的通知》（国资发改革规〔2019〕126 号）。

2. 加强参股国有股权管理

（1）依法履行股东权责。要按照《公司法》等法律法规规定，依据公司章程约定，向参股企业选派国有股东代表、董事监事或重要岗位人员，有效行使股东权利，并落实责任追究制度，避免出现“只投不管”现象。同时加强对选派人员的管理，进行定期轮换及考核评价。要结合实际情况在参股企业公司章程、议事规则等制度文件中明确对特定事项的否决权等条款，切实维护国有股东权益。

（2）注重参股投资回报。要定期清查参股国有权益，分析核实参股收益和增减变动等情况。合理运用增持、减持、退出等方式不断加强价值管理，提高国有资本配置效率和效益。

（3）严格财务监管。加强对参股企业的运行监测，及时掌握参股企业财务状况、经营情况及各类生产经营管理与技术信息，深入剖析出现异常情况的原因，并及时采取应对措施防范各种经营管理风险。

（4）规范产权管理。应严格按照国有产权管理有关规定，及时办理有关参股股权的产权占有、变动及注销等相关登记手续，按期核对数据，确保参股产权登记的及时性、完整性和准确性。

（5）规范无形资产使用。要加强无形资产管理，严格规范无形资产使用，有效维护国有企业权益和品牌价值。保护企业字号、品牌、经营资质和特许经营权等无形资产，不得提供给参股企业使用。严格保护商标权益。

（6）加强企业领导人员兼职管理。严格按照管理权限审批领导人员兼职事项，并根据工作需要从严掌握国有企业领导人员在参股企业的兼职情况，一般不能越级兼职、不兼“挂名”职务，不得在兼职企业领取工资、奖金、津贴等任何形式的报酬以及获取其他额外利益。

（7）加强参股企业党的建设。要按照关于加强和改进非公有制企业党建工作有关规定，开展参股企业党建工作，宣传贯彻党的路线方针政策，团结凝聚职工群众来切实加强参股企业党的建设，促进企业更好地发展。

3. 提升投后管理水平

（1）积极引进外部投后管理专家。结合实际情况聘请内外部企业经营管理专家和行业技术专家来参与公司的投后管理工作，加强国有企业股权投资投后管理专业力量，更好地帮助和指导被投企业改善经营管理和技术水平，提升投资项目价值。担任投后管理专家必须符合下列条件：具备良好的道德品行，具有一定的宏观经济分析和判断能力，在企管、经营、市场、技术、营销、行业等相关领域具有比较深厚的专业功底或丰富的工作经验背景；具有履行职责所必需的时间和精力；具有廉洁、公正、客观、专业、独立、勤勉的品质；具有良好的人品和较强的组织、沟通、协调能力，能够有效地开展投后管理工作；符合有关法律、法规和公司章程规定的其他任职条件。外部投后管理专家主要职责如下：参加被投企业的年度、半年度、季度经营工作会议；参加被投企业的月度总经理办公会议；参加被投企业的务虚会议；列席被投企业的董事会会议等；为被投企业提供战略性建议；指导被投企业的管理、营销、技术、生产、公司治理、财务管理、人力资源、团队建设与企业文化等工作；为公司提示风险预警；为公司决策提供信息支撑和专业判断与意见。履职满一个季度的专家，在每一个季度末提交书面的“外部投后管理专家履职报告”。

（2）加强股权投资日常性管理和重大事件管理。日常性管理主要包括：收集投资企业相关信息、定期走访、业务交流、投资项目总体运行状况评估、风险监控以及项目的投资收益管理。当投资企业发生重大生产经营事件，投后管理团队应立即告知投资主体并及时商讨对策。

（3）加强增值服务。投后管理团队应对投资项目的增值服务需求进行调研了解，明确增值服务事项并与所投企业高层建立良好的长效沟通机制。增值服务包括但不限于为投资企业引入销售渠道、政策扶持、融资等外部资源，并提供并购、IPO及新三板挂牌、信息服务、业务指导、管理培训等方面的咨询服务，帮助、指导投资企业完善法人治理结构，改善企业经营管理，提高市场经营业绩。

（4）加强退出管理和分级管理。投资主体应尽力为被投企业提供资本运作等方面的支持，全面配合被投企业的IPO计划或并购计划，进而创造出最佳的退出计划。此外，应按照“债股分类、按级管理、各有侧重”的原则进行分级管理，债权类投资与股权类投资分开进行管理。

（5）建立投后管理报告制度。报告内容可包括项目投资总体情况、投后管理执行情况、投后监控管理措施、被投企业总体价值评估、特别说明事项等内容。

（6）加强投后管理的业绩考核与奖惩。应制定完善的业绩考核与奖惩机制对相关投后管理专家从投资项目定期拜访、投资项目决策性管理和投资项目增值服务等重点内容进行绩效考核与奖惩。

（7）加强投后管理的档案管理工作。应对每一个股权投资项目建立独立档案并妥善保管，便于投资主体或相关部门随时查阅、跟踪管理和评估。

4. 强化监督问责

按照国资厅发监责《关于做好2020年中央企业违规经营投资责任追究工作体系建设有关事项的通知》① 精神，国有企业强化监督问责应重点做好以下工作：

（1）加强企业内部监督。应将参股经营作为内部管控的重要内容，以风险管理为导向、以合规管理监督为重点建立健全规范有效的内控体系。实行任期经济责任审计制度，对各级企业负责人任期内关于企业参股投资、与参股企业的关联交易等有关事项进行重点审计。

（2）严格责任追究。按照有关规定对参股经营过程中造成国有资产流失或其他严重不良后果的相关责任人要给予严肃处理并实行终身追责制。

（3）加强混合所有制企业中的参股管理。国有企业应按照有关文件要求，加强组织领导、重视混合所有制改革中的参股管理；及时梳理检查参股企业的投

① 《关于做好2020年中央企业违规经营投资责任追究工作体系建设有关事项的通知》（国资厅发监责〔2020〕10号）。

资经营状况；认真查找在选择合作方、决策审批、财务管控、领导人员兼职以及与参股企业关联交易等方面存在的问题并及时做出整改。同时，应坚持问题导向，制定完善有关规章制度，细化企业内部管理措施并落实管理责任，以切实维护国有资产权益，严防国有资产流失，促进混合所有制经济健康发展。

附：

投后管理分析报告（模板）

1. 被投企业基本情况。包括但不限于：法人代表、企业主营业务、企业性质、行业地位、资产/负债/所有者权益情况、组织架构等。

2. 经营管理情况。包括但不限于：产销量、利润、业务增长情况、主要产品、市场份额、经营方向调整、新产品上市及销售、重大股东会决议、年度销售计划及完成情况、董事会、股东会、主要管理人员及核心骨干变动情况、公司治理情况与团队素质等。

3. 财务状况。包括但不限于：现金流量情况分析、偿债能力分析、盈利能力分析、营运能力分析、财务数据与指标的分析；同行平均值/同类企业比较分析等等。尤其是是否有重大指标异动，并分析原因。财务指标应有横向、纵向分析。

4. 所在行业基本情况。包括但不限于：国家政策对所在行业的变动和影响、主要客户和供应商、发展趋势/存在的情况、竞争情况、与行业龙头的比较分析等。

5. 投后管理执行情况。包括但不限于：投资条件与进度的执行情况、投后管理工作计划落实情况、报告期内投后管理人员所开展的主要投后管理活动与实际效果。

6. 投后监控管理措施。包括但不限于：采取的具体投后监控措施、对业务部门提示反馈及跟进情况。投后管理策略（分为正常维护、密切关注、优化调整、清算退出等）及投后管理策略的调整情况，调整的原因，以及下一步的具体工作方案。发生重大事项，需包含重大事项的描述、汇报程序、应对方案及结果等。

7. 特别说明事项/重大事项。其他需要特别说明的事项或重大事项。

8. 对被投资企业的总体评价与判断。

9. 下一步投后管理的工作思路、工作重点与主要措施。

10. 对投资主体做好投后管理的具体建议等。

第六章　推进国有企业混合所有制改革

一、推进国有企业混合所有制改革是国企改革的必然选择

混合所有制就是由几种所有制成分结合在一起而形成的所有制形式。

国有企业的混合所有制就是国有资本、集体资本、非公有资本等交叉持股、相互融合的混合所有制经济形式。

党的十八大报告指出："要全面深化经济体制改革。深化改革是加快转变经济发展方式的关键。经济体制改革的核心问题是处理好政府和市场的关系，必须更加尊重市场规律，更好发挥政府作用。要毫不动摇巩固和发展公有制经济，推行公有制多种实现形式，深化国有企业改革，完善各类国有资产管理体制，推动国有资本更多投向关系国家安全和国民经济命脉的重要行业和关键领域，不断增强国有经济活力、控制力、影响力。"

2013 年 11 月，党的十八届三中全会召开，习近平总书记就《中共中央关于全面深化改革若干重大问题的决定》向全会作了说明，指出："改革开放以来，我国所有制结构逐步调整，公有制经济和非公有制经济在发展经济、促进就业等方面的比重不断变化，增强了经济社会发展活力。在这种情况下，如何更好体现和坚持公有制主体地位，进一步探索基本经济制度有效实现形式，是摆在我们面前的一个重大课题。"全会决定强调，必须毫不动摇巩固和发展公有制经济，坚

持公有制主体地位，发挥国有经济主导作用，不断增强国有经济活力、控制力、影响力。

全会决定坚持和发展党的十五大以来有关论述，提出要积极发展混合所有制经济，强调国有资本、集体资本、非公有资本等交叉持股、相互融合的混合所有制经济，是基本经济制度的重要实现形式，有利于国有资本放大功能、保值增值、提高竞争力。这是新形势下坚持公有制主体地位，增强国有经济活力、控制力、影响力的一个有效途径和必然选择。

2015 年 8 月 24 日，中共中央、国务院印发了《关于深化国有企业改革的指导意见》，这是新时期指导和推进中国国企改革的纲领性文件。该文件明确提出："推进国有企业混合所有制改革。以促进国有企业转换经营机制，放大国有资本功能，提高国有资本配置和运行效率，实现各种所有制资本取长补短、相互促进、共同发展为目标，稳妥推动国有企业发展混合所有制经济。对通过实行股份制、上市等途径已经实行混合所有制的国有企业，要着力在完善现代企业制度、提高资本运行效率上下功夫；对于适宜继续推进混合所有制改革的国有企业，要充分发挥市场机制作用，坚持因地施策、因业施策、因企施策，宜独则独、宜控则控、宜参则参，不搞拉郎配，不搞全覆盖，不设时间表，成熟一个推进一个。改革要依法依规、严格程序、公开公正，切实保护混合所有制企业各类出资人的产权权益，杜绝国有资产流失。""引入非国有资本参与国有企业改革。鼓励非国有资本投资主体通过出资入股、收购股权、认购可转债、股权置换等多种方式，参与国有企业改制重组或国有控股企业上市公司增资扩股以及企业经营管理。实行同股同权，切实维护各类股东合法权益。在石油、天然气、电力、铁路、电信、资源开发、公用事业等领域，向非国有资本推出符合产业政策、有利于转型升级的项目。""鼓励国有资本以多种方式入股非国有企业。充分发挥国有资本投资、运营公司的资本运作平台作用，通过市场化方式，以公共服务、高新技术、生态环保、战略性产业为重点领域，对发展潜力大、成长性强的非国有企业进行股权投资。鼓励国有企业通过投资入股、联合投资、重组等多种方式，与非国有企业进行股权融合、战略合作、资源整合。"同时，"探索实行混合所有制企业员工持股。”“优先支持人才资本和技术要素贡献占比较高的转制科研院所、高新技术企业、科技服务型企业开展员工持股试点，支持对企业经营业绩和持续发展有直接或较大影响的科研人员、经营管理人员和业务骨干等持股。员工持股主要采取增资扩股、出资新设等方式。”

2015 年 9 月 15 日，习近平主持召开中央全面深化改革领导小组第十六次会议，会议审议通过了《关于鼓励和规范国有企业投资项目引入非国有资本的指导意见》。会议强调，要按照有利于改善国有企业投资项目的产权结构，有利于国有资本放大功能、保值增值、提高竞争力，有利于各种所有制资本取长补短、相互促进、共同发展的总体要求，依法依规、公开透明，完善体制、优化环境的原则，拓宽国有企业投资项目引入非国有资本的领域，分类推进国有企业投资项目引入非国有资本工作。要完善引资方式，规范决策程序，防止暗箱操作和国有资产流失。

2015 年 9 月 23 日，国务院发布了《关于国有企业发展混合所有制经济的意见》，其基本原则是政府引导，市场运作。尊重市场经济规律和企业发展规律，以企业为主体，充分发挥市场机制作用，把引资本与转机制结合起来，把产权多元化与完善企业法人治理结构结合起来，探索国有企业混合所有制改革的有效途径。同时要求完善制度，保护产权；严格程序，规范操作；宜改则改，稳妥推进。要求分类推进国有企业混合所有制改革。具体来说是稳妥推进主业处于充分竞争行业和领域的商业类国有企业混合所有制改革，有效探索主业处于重要行业和关键领域的商业类国有企业混合所有制改革，引导公益类国有企业规范有序地开展混合所有制改革。

2017 年 10 月，党的十九大报告再次明确提出：“深化国有企业改革，发展混合所有制经济，培育具有全球竞争力的世界一流企业。”

2018 年 12 月，举行的中央经济工作会议又强调，要加快经济体制改革。要深化四梁八柱性质的改革，以增强微观主体活力为重点，推动相关改革走深走实。要加快国资国企改革，坚持政企分开、政资分开和公平竞争原则，做强做优做大国有资本，加快实现从管企业向管资本转变，改组成立一批国有资本投资公司，组建一批国有资本运营公司，积极推进混合所有制改革，加快推动中国铁路总公司股份制改造。

2019 年 10 月 31 日，国务院国资委为深入贯彻落实党中央、国务院关于积极发展混合所有制经济的决策部署，稳妥有序推进混合所有制改革，印发了《中央企业混合所有制改革操作指引》。明确了中央企业所属各级子企业实施混合所有制改革，一般应履行以下基本操作流程：可行性研究、制定混合所有制改革方案、履行决策审批程序、开展审计评估、引进非公有资本投资者、推进企业运营机制改革。以新设企业、对外投资并购、投资入股等方式实施混合所有制改革的，履行中央企业投资管理有关程序。明确了“混资本”相关环节操作要点、“改机制”相关环节操作要点及相关支持政策，是一个操作性比较强的指引文件。

二、明确国有企业功能分类是推进国企混合所有制改革的前提

国有企业承担的功能不尽相同，部分企业不能进行混合所有制改革。首先需要对国有企业进行恰当的分类，明确哪些国企应该实行国有独资，哪些国企可以实行混合所有制，以及哪些国企必须绝对控股，哪些国企可以相对控股，甚至一般性参股。按照目前一般的归类方法，将国有企业分为商业类和公益类。其中，公益类企业主要包括城市供水供气、公交网管、市政公用运营资源等重要民生领域企业；商业类则涵盖功能类和竞争类两种形式，前者主要包括政府投融资平台或国有资本投资运营公司以及重要资源开发、重大基础设施建设领域的企业；后者则是以经济效益为主要目标的国有企业。目前，国有企业跨行业经营现象严重，且业务链条冗长，要清楚界定类型存在一定的困难。应该根据国有企业的主业和发展方向进行分类，具体而言：

1. 公益性企业

以实现公共政策性目标为宗旨，提高公益保障性业务比例，保持国有独资或国有绝对控股，引入行业监督和社会评价，提高产品、服务质量并降低价格水平和运营成本。

2. 功能性企业

建立产业准入负面清单，明确列出涉及经济安全、信息安全、国防安全等关键领域和自然垄断行业的领域只能审慎地引导非公经济主体进入，必须实施国有独资或国有绝对控股，这类企业也可以引入其他国有资本实现股权多元化；对于网络平台类企业则通过资本市场和股权投资等方式实现产权多元化，但保持国有控股。

3. 竞争类企业

政府需要加快国有企业产业布局和重组，提高产业集中度。

（1）对于在社会经济发展中地位和作用非常重要或独特的国有企业，保持国有控股；

（2）对处于充分竞争领域的企业，通过资产证券化、主业资产上市或整体上市发展混合所有制经济；

（3）对低效无效的资产或“僵尸”企业，实行彻底退出。

三、调动非公经济参与是推进国企混合所有制改革的重要基础

非公经济主体参与混合所有制改革的动力取决于国有企业改革的诚意与决心、改制后的相对地位、改革以后的预期效果等。

1. 适当分配控股权

分配控股权就是要确定国有股权比例，确定各方认同的出资比例。至于比例的具体确定需要视企业的实际情况协商解决，没有统一的标准，只能一企一策。

2. 健全现代企业制度

通过建立规范的公司治理结构，确保各类投资主体的权利得到全方位保障。各方股东应根据企业股权比例，通过制定或修改公司章程，完善法人治理结构和

制度安排，依法行使知情权和表决权，分享资产收益、参与重大决策和选择管理者等重要权利。

3. 改革国有企业干部人事管理制度

坚持党管干部原则与董事会依法产生、董事会依法选择经营管理者、经营管理者依法行使用人权相结合，建立国有企业领导人员分类管理制度，果断取消国有企业管理层的行政级别，从而消除在商言政的现象。同时，重点建立职业经理人制度，由董事会按照市场化的办法，在职业经理人市场上通过竞争性的方式来选聘和激励约束职业经理人员；对于继续采用任命方式入职的国企高管，则应进一步改革其薪酬和业绩考核制度，通过不同的激励手段使其行为长期化。

4. 营造鼓励非公经济主体参与改革的市场环境

进一步推出有利于激发民间投资活力的示范项目并明确时间表和路线图，放宽社会资本投资的市场准入领域，消除各种隐性壁垒，实现权利平等、机会均等、规则平等，给非公有制企业更大的市场选择权、决策权、自主权，激发民间资本活力。发挥市场机制在配置资本、重组企业中的决定性作用和政府引导、监督、服务的重要作用，允许并鼓励社会资本按照“非禁即入”“法无禁止皆可为”原则参与各类资源配置。此外，应注重混合所有制经济的增量多元化，鼓励和支持非公有制企业按照自愿、平等、互利原则，通过多种渠道和方式，参与国有企业改制重组或国有企业新投资项目。

四、引入战略投资者是推进国企混合所有制改革的重要手段

引入战略投资者应立足于区域国有经济布局优化和战略性结构调整的大局，实现国有企业产权主体多元化，破除所有制和地域限制。具体而言：

1. 树立“产业先行、分类引进”原则

战略投资者一般划分为两类：一类是产业性投资者，另一类是金融性投资

者。以湖南省为例，湖南省国有企业在进行混合所有制改革时应重点引入产业性投资者。这类投资者通常具有较好的实业基础，与标的企业从事相同或关联产业，具有长期投资的信心和做大做强产业的明确目标，能深入参与企业治理，为企业注入资金，还能带来先进的技术、管理和成熟的营销网络。同时，要根据国有企业功能定位和行业特点分类引进。例如，交通运输设备制造业重点引进技术资本投资者，提高企业的研发能力和核心制造能力；石油化工业依托央企在湘企业的上游产品资源，发展适应市场需求的下游化工产品等。

2. 创新引进战略投资者方式

可以考虑以国有企业某一业务的资产作为标的引入战略投资者，这样既能引入优势资源，又具有较大的灵活性，且出让方仍然对企业具有绝对的主导权，还可以为企业其他业务引入不同的战略投资者留下空间，也能有效防止国有资产被侵蚀。

3. 把控合作风险

在引入战略投资者时，通过采取合理的资产评估方式，充分利用产权交易平台，最大限度地引起潜在投资者的参与，充分利用市场竞争机制确保企业价值的实现；通过严密的合同条款，规范合作双方的责权利及协作关系。

4. 采取积极的企业文化管理

在合作开始时即引导员工学习、理解合作方的行为方式和思维模式，学习他们先进的经验，逐步引导文化变革，降低或消除文化冲突所带来的内耗。

五、防止国有资产流失是顺利推进国企混改的重要保障

从明晰产权关系、强化资产评估、规范产权流转和加强资产监管等重要环节来建章立制，防止国有资产流失，保护资本各方权益。

（1）通过市场价格发现机制，完善国有企业资产评估和定价的流程，保证

评估结果客观、公正。

（2）强化企业内部监督，强化对重点部门和岗位的监督，加强内部流程控制，明确纪检、审计、监事会的职能，增强制度执行刚性，完善职工代表大会制度，加强职工民主监督。

（3）建立外部监督机制，加强巡视制度，聘请人大代表和政协委员依法监督国有企业，建立健全监督意见反馈整改机制。

（4）实施信息公开化，建立统一的信息平台，准确披露国有资本运营、监督的相关信息，及时回应国资流失的舆论关切，建设阳光、透明的国有企业。

（5）强化惩戒机制，引入终身责任追究机制，对于涉嫌违法行为加大法律惩戒力度，不能让混合所有制改革成为不当利益输送的渠道和滋生腐败的土壤。

六、实施员工持股计划是推进国企混合所有制改革的有效途径

推进国有企业员工持股需要明确持股的方向，坚持试点先行、优选对象、严格规范。具体而言：

（1）优先在转制科研院所、高新技术企业、科技服务性企业推进员工持股，人才资本和技术贡献对于这类企业而言至关重要，通过股权激励的方式提高他们的组织认同和承诺，吸引和留住人才。

（2）优先推进管理层和核心人才持股，支持对企业经营业绩和持续发展具有直接或较大影响的科研人员、经营管理人员和业务骨干持股。避免因普通员工“搭便车”产生新的“大锅饭”。

（3）把握国有企业员工持股的关键细节。① 明确持股范围。其余人员是否持股应根据企业的性质决定。② 明确持股比例。国有资本参股企业应确保国有股权收益，防止内部人控制；国有资本控股的企业，持股比例由各股东协商决定。③ 明确持股方式。对于处于关键岗位、贡献较大且在本企业具有一定工作年限的核心人才，可采取永久性持股方式，即使员工退休或辞职，仍然拥有股份的增值权和分红权；对于企业一般骨干员工，可借鉴上市公司的办法，采取限期性持股方式，到期后把股份转让给企业；对于管理层员工持股，探索采取“任期

持股＋非任期转让”的方式，建立良好的员工持股退出机制。④ 明确股权来源。为防止国有资产流失，混合所有制企业员工持股不应由国有股权转让，而应面向员工主要采取增资扩股、出资新设等方式。⑤ 员工持股计划的实施需要设立专门机构进行管理。严格限制员工股权的转让，制定有利于员工持股的优惠政策。

七、分类、分层推进国有企业混合所有制改革

通过分类、分层推进国有企业混合所有制改革，实现国有企业在数量比例上大幅下降，在股权比重上大幅降低，激发国有企业活力与竞争力，进而实现国有企业在关键领域内主导作用、在高新技术领域内支撑作用的大大增强，从而引领国家高新技术向前发展。

（1）分类推进国有企业混合所有制改革。根据国有资本的战略定位和发展目标，结合不同国有企业在经济社会发展中的作用、现状和发展需要，实行分类改革、分类发展、分类监管、分类定责、分类考核，提高改革的针对性。

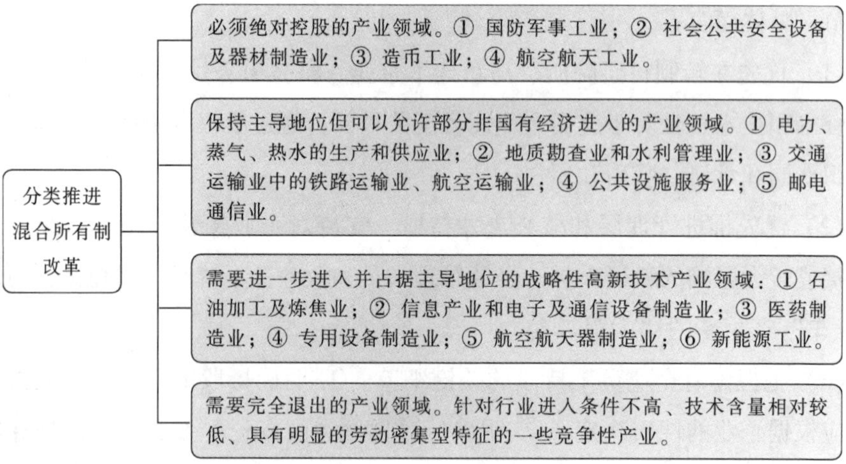

图 6-1 分类别推进混合所有制改革框架图

（2）分层推进国有企业混合所有制改革。按照渐进有序有效原则，以资产资本化、证券化为主要形式，加快推进企业核心业务资产上市或整体上市。推进混合所有制改革要发挥市场机制作用，坚持因地施策、因业施策、因企施策，宜

独则独、宜控则控、宜参则参，不搞全覆盖，不设时间表，成熟一个推进一个。

① 主业处于关系国家安全、国民经济命脉的重要行业和关键领域、主要承担重大专项任务的国有企业，要保持国有资本控股地位，支持非国有资本参股。对需要实行国有独资的国有企业，也要积极引入其他国有资本实行股权多元化，对其特殊业务和竞争性业务板块实行有效分离，独立运作、独立核算，对于其中可以民营化的部分可以进行“分块经营”，引入民营机制进行管理，以“一企两制”提高国有经济成分活力与运营效率。该全面开放要全面开放，该强化国有经济成分的部分着重强化，实现“精而又精”的国家控股。

② 主业处于自然垄断行业的国有企业，实行政企分开、政资分开、特许经营、政府监管为主要内容的改革，根据不同行业特点实行网运分开、放开竞争性业务，促进公共资源配置市场化。通过把私营企业原则引入国有企业部门，或引入私人资本或私人承包部分业务，实现国家相对控股与一般参股。

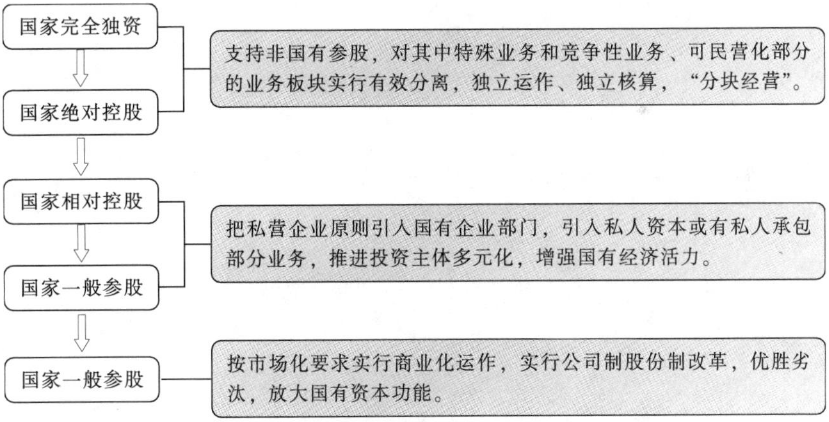

图 6-2　分程度、分层次推进混合所有制改革框架图

③ 主业处于充分竞争行业领域的商业类国有企业，原则上都要实行公司制股份制改革，积极引入其他国有资本或各类非国有资本实现股权多元化，按照市场化要求实行商业化运作，以增强国有经济活力、放大国有资本功能、实现国有资产保值增值为主要目标，依法独立自主开展生产经营活动，实现优胜劣汰、有序进退。可以通过一次性出售、多次性出售以及全部出售和部分出售国家股权来

实现国有经济成分的完全退出。

④ 主业处于以保障民生、服务社会、提供公共产品和服务为主要目标的公益类国有企业，引入市场机制，提高公共服务效率和能力。这类企业可以采取国有独资形式，具备条件的也可以推行投资主体多元化，还可以通过购买服务、特许经营、委托代理等方式，鼓励非国有企业参与经营。①

总之，拟实施混合所有制改革的企业要按照“完善治理、强化激励、突出主业、提高效率”的总体要求，坚持“因地施策、因业施策、因企施策，宜独则独、宜控则控、宜参则参，不搞拉郎配，不搞全覆盖，不设时间表”的原则，依据相关政策规定对混合所有制改革的必要性和可行性进行充分研究，一企一策，成熟一个推进一个。

① 《中共中央 国务院关于深化国有企业改革的指导意见》、国发〔2015〕54 号《关于国有企业发展混合所有制经济的意见》。

第七章　坚持党的领导与完善公司法人治理结构的有机融合

一、坚持党的领导与完善公司法人治理结构的有机融合是做好国有企业改革的根本保障

1. 坚持党的领导是国有企业改革发展的基石

习近平总书记在全国国有企业党的建设工作会议上强调："坚持党的领导、加强党的建设，是我国国有企业的光荣传统，是国有企业的'根'与'魂'，是我国国有企业的独特优势。"坚持和加强党对国有企业的全面领导，充分发挥国有企业党委（党组）的领导作用，把方向、管大局、保落实，依照规定讨论和决定企业重大事项，有利于保障国有企业改革沿着正确的政治方向有序推进；有利于从顶层设计深入推进国有企业市场化改革与转型升级；有利于推动国有企业党建与生产经营深度融合，充分发挥国有企业的政治优势，以高质量党建引领高质量发展；有利于推动国有企业转变思维方式、组织方式、工作方式和管理方式；有利于国有企业形成整体领导力，提高企业内部凝聚力和向心力。

2. 完善公司治理机制是国有企业改革发展的必要条件

习近平总书记在全国国有企业党的建设工作会议上指出："坚持党对国有企

业的领导是重大政治原则，必须一以贯之；建立现代企业制度是国有企业改革的方向，也必须一以贯之。”两个“一以贯之”的指导思想要求国有企业在深化改革时，既要做到坚持党的领导，又要建立现代企业制度，即做到坚持党的领导与完善公司治理机制的有机融合。国有企业本质上还是企业，既具有企业的一般特性，又有作为国有企业的特殊性，作为市场上的微观经济主体应遵循市场运行规律以及企业自身发展规律，应构建与市场竞争相适应的内部治理结构与灵活的市场化经营机制，因此，完善公司治理机制是建立中国特色现代国有企业制度、搞好搞活面向市场竞争的国有企业、提高国有企业市场竞争能力的必要条件。

3. 坚持党的领导与完善公司法人治理结构的有机融合是建立中国特色现代国有企业制度的重要内容

国有企业的政治属性与经济属性，决定了国有企业改革中既要坚持党的领导、加强党的建设，又要完善公司治理机制。坚持和加强党对国有企业的全面领导为国有企业改革与发展指明了正确的政治方向，提供了坚强的政治保障和组织保障，完善公司治理机制则是国有企业深化内部改革、提升自身发展活力和市场竞争能力的必然之路。将党的领导融入公司治理各环节中，实现制度化、规范化、程序化，企业党委、董事会、经理层等各治理主体不缺位、不越位，不相互替代、不各自为政，各司其职、各负其责、协调运转、有效制衡，这是中国特色现代国有企业制度的重大创新，也是做强做优做大国有企业的根本性制度保障。

当前，部分国有企业党建工作尚不完善，企业法人治理结构和治理机制仍不健全，党的领导作用与公司治理机制未能实现有效融合，导致企业经营效率低下、企业发展活力不足、市场竞争能力不强等问题。深入分析当前国有企业坚持党的领导与完善公司治理机制相融合过程中存在的主要问题，调整、理顺国有企业党的领导与公司治理机制的关系，对实现国有企业坚持党的领导与完善公司治理机制的有机融合，推动国有企业突破在改革发展过程中遇到的瓶颈，提升国有企业发展活力和市场竞争力，促进国有企业高质量发展具有重要的现实意义和重大战略性意义。

二、坚持党的领导与完善公司治理机制相融合中存在的主要问题

1. 对坚持和加强党对国有企业的全面领导理解有偏差

一是把坚持和加强党对国有企业的全面领导，看作是制约国有企业发展的瓶颈。认为国有企业党的领导与党的建设工作中约束太多、程序太复杂，捆住了企业改革发展的手脚。二是党的领导在公司法人治理结构中的地位和作用得不到重视。部分国有企业领导人员认为党建工作不能给企业带来经济效益，低估甚至忽视党建工作的价值，忽视党建工作的开展或将党建工作搞成了形式主义，导致党建工作没有取得切实成效。三是片面推崇西方的法人治理结构而弱化党的领导作用。部分国有企业管理者对坚持和加强党对国有企业的全面领导存在片面认知，一味推崇西方的法人治理结构而忽视、弱化了中国特色国有企业制度下党组织的领导作用和政治核心作用。

2. 对坚持和加强党对国有企业的全面领导定位有偏差

一是部分国有企业党委没有集中精力抓大事。部分国有企业仍停留在党委对国有企业经营管理的绝对领导思维上，缺乏合理放权、集中精力抓大事的意识，缺乏足够的精力和能力对企业重大经营管理事项、企业发展中的关键问题进行科学有效地判断和决策。二是对国有企业党组织提供坚强的政治和组织保障理解有偏差。部分国有企业领导人员未能将国有企业的组织优势和政治优势同企业的生产、经营和管理有效融合以增强企业的核心竞争力，对相关兜底政策有一定的依赖性，缺乏带领企业融入市场竞争的能力和魄力，这样将不利于国有企业市场竞争力、创新能力以及企业影响力的提升。

3. 对党的领导工作落实不到位，没有做到真正地制度化、程序化、规范化

一是尚缺乏相关操作细则来指导国有企业党组织如何具体发挥领导作用与政治核心作用。部分国有企业对已有制度性文件操作起来不细不实，对党的领导工

作落实不到位。二是部分国有企业没有对党的领导工作做到真正的制度化和规范化。常出现企业实际工作与相应的规章制度要求不一致的现象，如“三重一大”制度在部分国有企业实际工作中难以得到真正落实。三是党建活动停留于表面的程序化，未深入企业、深入人心。部分国有企业相关负责人员对党建活动的开展抱着应付式的心态，党建活动开展流于形式、党建活动内容缺乏新意，导致企业员工参与度不高或是被动地参与，这样的党建活动对企业发展起到的促进作用效果甚微。四是某些混合所有制企业相应的党建工作体系不完善，党组织的机构设置、职责地位和管理方式还不明确。

4. 党委集体决策和集体领导制度不完善

一是受传统领导体制影响，国有企业内部权力高度集中现象存在。二是部分国有企业相关决策制度还不完善，对有关决策的具体方式、途径、机制和程序等方面缺乏具体详细的规定，导致难以实现科学、民主的决策。三是形式上的集体决策，实质上的个人独断，导致责任追究的泛化。部分国有企业缺乏具体完善的责任追究机制。集体讨论程序虚设，最后还是个人决策、集体负责，决策失误后的追责难以落实到位，难以对责任主体进行有效的约束。四是部分国有企业的民主监督机制不完善，党委民主集中制难以有效落实，重大事项决策过程中没有做到公开透明，职工群众难以对权力进行有效的监督。

5. 党委会与其他治理主体职责权限界定不清

一是部分国有企业将党委决策的前置程序，代替了董事会的决策作用。主要表现在没有正确认识党对国有企业的领导是把方向、管大局、促落实[①]，而是停留在国有企业党委对企业经营管理的绝对领导思维上，缺乏合理正确的放权思想，不善于把握企业改革与发展的关键重点，导致事无巨细、无所不管。二是国有企业党委会未能有效保障经理层依法依规行使权利和履行职责。在公司治理机

① 中共中央办公厅.《关于中央企业在完善公司治理中加强党的领导的意见》。

制还不健全的国有企业里，大量出现党委直接干预经理层日常经营管理工作的现象，使得国有企业经理层难以对企业日常经营工作及市场的变化做出迅速反应，削弱了经理层谋经营的主体责任，使国有企业的市场竞争能力下降、对市场反应迟钝。

6. 党委会与董事会成员结构不优，导致企业经营决策的非专业化问题

一是部分国有企业党委会成员结构不合理，董事会成员结构不合理，富有企业经营管理经验和相关专业知识的国有企业党委会和董事会成员匮乏。二是大量缺乏经营管理专业知识和经验的领导干部空降到国有企业决策层，一定程度上影响了国有企业决策与经营管理的科学性和有效性。三是缺乏具体完善的决策事前制衡、事中监督和事后责任追究机制，难以对决策过程进行有效的约束，难以对国有企业经营决策的科学性和有效性提供有效保障。

7. 党建工作与生产经营工作深度融合不力，出现“两张皮”现象

一是部分国有企业内部党建工作和生产经营工作没有形成合力，各成一体。部分生产经营技术工作人员轻党建重业务，而党务工作人员则鲜少参与企业经营技术工作会议，甚至也不关心企业的生产经营工作，更谈不上为企业的生产经营发展献计出力。二是缺乏促进党建工作与生产经营工作相结合的有效方式与融合机制。部分国有企业的党建工作由于缺乏一定的创新性，加上其与正在经历深化改革的经营工作存在较大差异，进而难以找到合适的方法和路径来将党建工作有效融入企业生产经营工作中。三是部分国有企业的党建工作体系尚缺乏具体完善的工作机制和考评机制，尤其在检验党建工作对企业改革发展的成效方面尚缺乏有效的衡量方法和评价标准，或是考核指标难以实现可量化，使得党建工作在落实、考核和评价方面难以科学有效地落实到位。

8. 未能正确理解党管干部原则，导致其与职业经理人制度相对立

一是目前有关国有企业职业经理人制度的运行机制还不健全，关于国有企业

职业经理人的用人机制和激励机制尚缺乏具体可操作性的指导规范，导致职业经理人制度在国有企业难以有效实施。二是部分国有企业党管干部的领导原则未能正确定位，在职业经理人选拔过程中，没有在选拔工作的整体规划和宏观监督管理上着重发力，出现了事无巨细、包办一切的现象。三是部分国有企业在选人用人、干部管理过程中没有将党内选拔程序与现代企业制度要求的选人用人机制进行有效的区分和对接。部分国有企业职业经理人的选拔工作变相做成了内部任命的方式，或是本应按照市场化的选聘和管理方式却采用了行政化的传统方式。

9. 对国有企业领导人员的担当作为激励不够

一是国有企业缺乏懂经营、会管理的高素质干部队伍。部分国有企业没有将党管干部、党管人才制度与市场化引进人才机制进行有效融合，国有企业中多是行政性质的党政领导干部，缺乏具有企业家精神及市场化职业素养的企业家。二是没有建立起完善有效的国有企业领导人员激励机制。如多数国有企业领导干部、相关管理人员的薪酬制度改革不力、难以落实，仍延续旧制度吃大锅饭，导致部分国有企业领导人员缺乏进行市场化竞争、把企业做强做大的责任心和使命感。三是简单地滥用追责机制。由于部分国有企业党委对市场运行规律和企业发展规律认识不清，缺乏科学的经营风险意识，而国企主管部门又喜欢滥用追责机制，导致企业发展过于谨小慎微，不敢闯市场，不敢创新，不敢冒必要的风险，这在一定程度上阻碍了国有企业的发展。

10. 把党的纪律约束监督看成是对经营活动的束缚，腐败问题层出不穷

一是部分国有企业把扩大企业经营自主权同加强党对国有企业的监督对立起来。在国家鼓励扩大企业经营自主权而缺乏相应的监督约束机制的情况下，国有企业的高层管理者容易利用手中的权力当成敛财和挥霍国有资产的工具，增大了腐败行为出现的风险。二是权力集中且权力委托链过长的领导体制增大了国有企业的腐败风险。首先，权力委托代理链过长且分散，难以实现对权力的有效监

督。其次，国有企业高层管理者的多种职务与多重身份使得其权力过大但又缺乏与之相对应的制约和制衡机制。三是缺乏有效健全的党内监督机制，部分国有企业的党组织未能落实党内监督责任，导致企业内部监管失控。四是部分国有企业董事会的决策监督作用和监事会的专业监督作用由于法人治理结构不健全而难以得到有效发挥。

三、如何实现坚持党的领导与完善公司治理机制的有机融合

1. 把党的领导科学融入公司治理决策机制当中

一是推进国有企业党组织在参与公司治理时实现机制合理和程序规范。对党委会与其他治理主体的职责权限作出明确界定，使党委在决策、执行和监管的每一个环节都有具体的工作方式和监管方式。二是不断健全“三重一大”决策制度。首先，应明晰国有企业党委讨论和决定重大事项的职责范围，根据企业实际情况研究制定重大经营管理事项清单，对重大经营管理事项的要求和程序以及权责划分等作出明确规定。其次，要加强国有企业党委自身建设，对党委班子成员加大专业化培训力度，不断提高决策能力，提升决策专业化水平。最后，要制定具体实施细则，明确党委在董事会授权决策和总经理办公会决策中发挥作用的方式①，协调好党委会与其他治理主体的关系，提高决策效率。三是建立健全党委集体领导、集体决策制度。在进行决策时，应展开详细的调查研究并进行可行性论证分析。对决策过程真实记录、决策结果严格落实，同时明确责任部门和责任人。此外，要提高企业党委会决策工作透明度，并积极接受其他治理主体和职工群众的各种合理化建议。

2. 把党的领导融入健全混合所有制企业股东大会制度建设当中

一是处理好党委会与股东大会的关系。不断完善混合所有制企业党建工作的

① 中共中央办公厅.《关于中央企业在完善公司治理中加强党的领导的意见》。

具体指导意见，明确国有企业党委会与股东大会的职责边界和权限划分，不断完善党委会与股东大会的工作机制，促进国有企业党委会与股东会相互制衡，形成有效的内部约束。二是优化国有企业的股权结构。股权主体多元化有利于促进国有企业公司治理结构的完善与优化，促进国有企业在市场竞争中实现优胜劣汰，使有竞争力的国有企业愈做愈强。三是完善国有企业股东代表诉讼机制。应不断健全和完善国有企业的股东代表诉讼机制，保障国有企业中小股东的合法利益，保障中小股东依法行使监督权。四是加强股东大会的权力。规范股东大会的召开、议事和表决等程序，依法依规赋予股东大会应有的权力，最大程度发挥国有企业股东大会的监管和制约作用。

3. 把党的领导融入健全国有企业董事会制度建设当中

一是不断完善“双向进入”的领导机制。首先，在坚持“双向进入、交叉任职”的原则下，不断改进和创新该领导机制实现的形式和方式。其次，对于国有资产监管部门与国有企业之间的权力配置和决策制衡机制，国有企业党委会与董事会、董事会与经理层的权力配置与决策制衡机制还应继续进行探索和完善。二是不断规范国有企业董事会的行权行为。应明确规定董事会的职责权限，如对战略制定与决策权、设定机构与制定制度权、对日常经营管理的监督权以及对经理人的任免与考核权等。同时应完善对董事会及董事的评估体系和奖惩机制，保障董事的合法权益，同时明确董事违法违纪应承担的后果。三是积极引入外部董事和职工董事。独立董事应主要聘请公司外部的专业人士来担任，如国有资产监管部门人员、银行相关专业人士、专家学者、人大代表、政协委员等外界专业人士，以保障董事会的独立性和专业性，加强独立董事对国有企业经营管理的监督和指导。职工董事则应由被选举出来的职工代表担任，以实现对国有企业经理人员的合法监督和制约。四是完善董事会的职能机构。国有大型企业董事会中应专门针对公司的重大问题分别设立决策委员会、审计委员会和薪酬委员会等专业委员会，并为各个专业委员会职权的落实提供有效保障，以更好地让专业委员会为董事会提供专业性服务，使董事会所做出的决策更加科学有效。

4. 把党的领导融入建立健全监事会制度建设当中

一是加强国有企业监事会建设，促进监督职能的不断完善。要积极探索国有企业监事会融入现代企业制度的有效途径，包括加强监事会的组织建设和制度建设，依照相关法律规定加大监事会的监督力度，强化监事会对国有企业的监督职能，促进监事会职权不断落实。二是转变监管理念，不断提升国有企业监管队伍的专业化水平。要聘请除股东代表和职工代表外的外部监事，并建立一个监事专家库，监事成员不拘泥于政府官员，以此建立强大的公开制度，使国有企业真正受到人民的监督。同时，要规范监事的产生制度，完善监事的奖惩机制。如提高监事的薪资水平并保证薪资安排的独立性，保证监事薪资只与监督工作的质量相关，避免其受企业经营业绩的影响。同时，通过采取对监事问责的办法来提高监事的职责意识。三是明确监事会的监督范围和监督重点，不断提升监督效能。应加强对国有企业权力集中、资金密集、资源富集、资产聚集等重点部门、关键岗位、重点决策环节和相关重要人员的监督，同时适时调整并确定重点监督检查内容和事项，不断增强监督的科学性、灵敏性和准确性①。四是不断规范和完善监事会工作机制和工作流程，加强对监事会工作机制的衔接耦合设计，做到不缺位、不错位和不越位，实现监事会在各个监督环节上的严格把关。

5. 把党的领导有效融入完善国有企业经营机制当中

一是在企业生产经营过程中，始终坚持党的领导并将党的领导贯穿其中，推进党建工作与生产经营工作的深度融合。企业党组织要指导董事会和经理班子制定科学合理的生产经营目标计划，并以清单化、流程化、节点化等方式，将党建工作同企业年度经营计划同步规划、同时部署。在抓工作落实上，聚焦企业重点

① 国务院办公厅.《关于进一步完善国有企业法人治理结构的指导意见》。

难点，组织开展党员先锋模范队、技术攻关和小指标竞赛等活动，推动公司经济效益提升。在抓工作考核上，实施党组织“双责制”，加强考核结果运用，确保党建工作融入企业生产经营的每一个环节。二是坚持党建工作与生产经营深度交融，用改革发展成果来考察和检验企业党组织的工作成效。国有企业党组织应重点围绕提升企业发展活力、增强企业市场竞争能力、提高企业重大技术创新能力以解决“卡脖子”问题、提高企业经济效益、实现国有资产保值增值等目标来具体开展相应的工作。三是建立完善的国有企业党建工作与生产经营工作深度融合的经营管理者业绩评价考核体系。将党建工作责任制和生产经营责任制有机融合起来。做到党建工作考核指标与企业经营目标相促进，财务指标与非财务指标相结合，不同类型的企业侧重不同的考核指标并根据实际情况适量选取考核指标。四是聚焦企业发展目标、促进企业重大决策事项落地落实。要充分发动党员职工紧密团结在党组织周围，在对企业重大生产经营任务的动员、组织、实施和保障各个方面有效融入党的领导作用，推动企业高质量完成生产经营任务。此外，企业党组织还要定期听取工作汇报，开展工作检查，有效利用好督查、述职、考核、问责等方式，打好组合拳，激发国有企业强党建促生产经营工作的内生动力。

6. 把党的领导融入完善职业经理人选拔和激励机制的组织领导作用当中

一是逐步实现国有企业高管人员选拔和考核工作的市场化。国有企业党委应统筹推进建立职业经理人制度，积极实行任期制考核、契约化管理和差异化薪酬分配等试点工作；同时坚持党管干部的原则，从德、能、勤、绩全方位考察职业经理人，努力实现企业职业经理人效用最大化的目标。二是激发和保护国有企业高管人员的企业家精神。应按照市场经济运行规律与企业发展规律，充分考虑企业家自身的成长过程和成长规律，不断健全和完善国有企业职业经理人的管理机制。要增强国有企业高管人员的市场化经营意识，大力倡导企业家精神，根据企业和市场的实际情况制定相应的负面清单，鼓励管理人员在市场中敢闯敢拼，营造鼓励创新和突破的良好环境氛围。三是建立有效的经理人激励机制。国有企业应大力倡导对经理层成员实施以物质激励为主、辅之以精神激励的激励机制。可以采取远期收入制、年薪制、资产连带制等方式，同时在经理人员的薪酬组成部分应当加入一定的奖惩指标。[①]

7. 把党的领导融入坚定落实党管干部、党管人才的管理要求当中

一是坚持党对国企领导干部和人才队伍选拔的领导和把关。国有企业党委要保障董事会和经理层依法行使相应职权，如董事会依法产生经营管理人员以及经营管理人员依法行使相应的用人权。[②] 此外，党委会应落实“对党忠诚、勇于创新、治企有方、兴企有为、清正廉洁”的方针要求，依据干部管理权限，将动议提名、组织审定、讨论表决等程序规范化，做好对领导干部的选拔任用工作，切实保证党对干部人事工作的领导权和对重要干部的管理权。[③] 二是促进国有企业内部人才培养和外部人才引进相结合。国有企业党组织在任命内部人员的同时应加大市场化引进人才力度和拓宽人才招聘来源，做好企业经营管理人才、高技能人才以及特殊领域短缺人才的引进工作，为国有企业打造高度专业化的企业领导班子和人才队伍。三是建立经营管理人员双向选择、能上能下的人事制度。要探索建立人才引进培养机制，积极改变对国有企业经营管理者和职工的管理方式，尤其应改变机关干部式的管理方式，引领企业干部职工成为各领域的专家能手，为企业的高质量发展提供有力的人才保障。

8. 把党的领导融入加强企业文化建设当中

一是用党的路线方针政策和社会主义核心价值观指导企业文化理念的形成。要发挥党建工作的政治统领作用，让企业文化理念在形成过程中充分体现党的思想引领作用，确保国有企业文化建设的政治属性和政治方向。同时用企业文化理念促进社会主义核心价值观在国有企业内部深入人心，变成企业职工群众的自觉

---

① 国务院国有企业改革领导小组办公室.《“双百企业”推行职业经理人制度操作指引》。

② 中共中央办公厅.《关于中央企业在完善公司治理中加强党的领导的意见》。

③ 中共中央.《中国共产党国有企业基层组织工作条例（试行）》。

行动。二是以党建工作的创新性激发企业文化建设的多样性。结合企业文化的地域性、多样性和复杂性，创新企业文化建设的方式方法，让党建工作与企业文化建设相互促进、相互融合，打造出国有企业党建工作的鲜明特色，创建有鲜明时代特征的企业文化品牌。三是强化党组织在企业文化理念形成过程中把握方向、统领大局的作用。通过党建工作和对企业文化理念的宣传贯彻工作，凝聚党员对企业文化的共识并助推企业文化落地，传递企业文化理念和党的方针政策，从而增强国有企业职工的凝聚力，不断激发企业高质量发展的驱动力和执行力，让国有企业沿着中国特色社会主义道路不断创新发展。

9. 把党的领导融入高素质职工队伍建设当中

一是充分发挥国有企业党支部的战斗堡垒作用和党员的先锋模范作用，打造听党话、跟党走、不断实现创新提效的高素质职工队伍。应加强国有企业党组织建设和党员队伍建设，引导党员积极投入企业生产经营一线当中，同时在企业生产经营一线以及具有专业技术和专业知识、有坚定理想信念、敢于担当和奉献的职工群体中积极发展党员。二是加强对国有企业职工的教育培训力度，提升职工素质和能力，激发职工工作积极性。要开展有利于提升职工技能的相关竞赛活动，为职工制定相应的教育培训计划，不断提升国有企业职工的专业素质和能力。三是提升国有企业党组织联系职工群众、服务职工群众和动员职工群众的能力。要鼓励党员干部多与职工群众进行积极联系和深入交流，多为职工群众解决实际问题，切实维护和发展职工群众的合法权益，团结引导广大职工群众以主人翁姿态为国有企业的改革发展拼搏奋斗。

10. 把党的领导融入加强党风廉政廉商建设当中

一是强化国企党委在执行、监督环节的责任担当，加强国有企业党风廉政廉商建设，建设党风清廉、作风优良的国有企业。国有企业党委要认真落实主体责任，在职责范围内做好党风廉政建设工作和企业反腐倡廉工作。同时引导国有企业内设纪检组织依法依规开展相应的监督与问责工作，不断强化对企业内部权力运行的制约和监督。[①] 此外还应建立合理有效的风险防控机制，并将其内嵌至企业的日常经营管理中，不断加强预防腐败的源头管理。二是在企业管理中健全民主监督制度。要不断推进职工董事制度和职工监事制度的健全和完善，确保企业内员工广泛参与公司治理。要推进公司业务公开、业务透明，保障职工群众对企业相关生产经营活动的知情权，并做到让职工群众有效参与其中且保障其合理监督的权利。职工对于企业重大决策可以建言献策，对于关系到职工自身利益的重大问题应当经过职工代表大会审议。三是推动国有企业党内监督与公司内部经营审计、第三方审计、法律和财务等监督力量形成监督合力。同时借助社会监督和舆论监督等方式对国有企业实施监督，以增强监督合力、提升监督效能。

四、结语

总之，国有企业应贯彻落实党中央、国务院的决策部署，坚持和加强党对国有企业的全面领导，不断完善公司治理机制。认真审视国有企业在党的领导与公司治理机制融合过程中出现的主要问题，积极改变现状，理顺国有企业党的领导与公司治理之间的关系，推动国有企业坚持党的领导与完善公司治理机制的有机融合，实现国有企业党的领导与公司治理的协同效应，促进国有企业高质量发展。

① 中共中央.《中国共产党国有企业基层组织工作条例（试行）》。

第八章　集团管控模式优化设计

一、优化集团管控模式是促进国有企业集团健康发展的内在条件和必然要求

我国国有企业经过新中国成立以来70年的发展，特别是改革开放以来40年的发展，已经取得了长足的进步。整体来看，国有企业结构不断调整优化，主营业务不断聚焦，战线分布有进有退、有压有保。国有企业整体数量在大幅度减少，但单个企业的平均规模在迅速扩大，其经济活力、控制力、影响力在明显增强。经过一次次并购重组，从央企到省、市国有企业，都出现了很多大中型企业集团，甚至出现了巨无霸型企业集团。那么，对于这些大中型甚至特大型国有企业集团到底怎么管理才能有效？这是摆在众多国有企业面前的一个重大的现实问题。

可以说，现在有部分国有企业的内部管理是混乱的，有的国有企业集团实则是“集而不团”“联而不合”，貌合神离，决策程序复杂，管理过程粗放，经营意识淡化，运作内耗严重。要培育具有全球竞争力的世界一流企业，必须有一流的管理，特别是要能够驾驭好一流的大型、特大型企业集团。这是国有企业、特别是央企作为“国家队”的重大使命。

为此，2019年4月19日国务院印发的《改革国有资本授权经营体制方案》

中特别提出："优化集团管控。国有资本投资公司以对战略性核心业务控股为主，建立以战略目标和财务效益为主的管控模式，重点关注所出资企业执行公司战略和资本回报状况。国有资本运营公司以财务性持股为主，建立财务管控模式，重点关注国有资本流动和增值状况。其他商业类企业和公益类企业以对核心业务控股为主，建立战略管控和运营管控相结合的模式，重点关注所承担国家战略使命和保障任务的落实状况。"

二、集团管控模式优化设计的基本原则

1. 建立母子公司型企业集团管理模式

坚持以市场化经营为导向，以产权联结为纽带，构建权责利清晰、边界明晰、决策科学、机制灵活、执行高效、运营专业、奖惩分明、监督有效的现代母子公司型管理体制。

2. 实行集权与分权相结合的管控原则

分类管控，集权有度，分权可控，灵活有序。公司管理重心下移，本部职能管理延伸，子公司管理经营自主权适度扩大。集团对子公司的管控宜粗不宜细，子公司内部的经营管理必须细不能粗。鼓励子公司积极探索其内部经营机制、管理模式、三项制度、生产、技术、产品、市场的微创新、微改革。

3. 以经营为中心强化经营职能建设

强化经营力量，强化经营责任，强化经营工作，强化经营过程管控，强调经营结果。围绕经营抓管理，围绕市场创效益，管理工作服务于经营工作，实行精益化经营，精细化管理。

4. 着力改革和激活子公司

特别是重点子公司的经营活力，增强其自我发展能力和赢利能力，全力培育

公司主要利润增长点。在制定企业集团内部发展战略中，必须敢于舍弃，敢于扬长，敢于聚焦，敢于突出主业，敢于发展重点。

5. 实行经营机制优势与人的职业化优势相结合的治理原则

以坚持党的领导为统领，以塑造机制优势为基础，以提升职业经理人的职业化能力为保障，以构建竞争性的企业生态为抓手，建立健全公司治理体系，全面提升驾驭多业态的现代企业的公司治理能力。

6. 实行开放型治理原则

大型企业集团的治理是非常复杂的问题，必须广泛吸纳各种优质专业资源，集聚各种优秀专业人才。

一般来说，集团总部作为战略决策和投资决策中心，主导公司整体发展战略、业态布局，集团主要通过战略管理、关键资源控制、关键人事控制等，使子公司的经营活动与集团整体发展战略保持一致。集团对子公司的核心管控功能主要是发展战略管控与协调、核心业务规划、投资决策审批、资产/资本管理、关键资源分配、关键人事控制、监督服务与指导等。集团以追求总体战略控制和协同效应为目标，通过控制子公司的核心经营层，使子公司的业务活动服从于集团整体战略目标。集团总部对子公司干预较强，但子公司基于总部的分权和授权，在受控状态下有一定的自主经营管理权，实行独立核算，致力于做实、做专、做精、做强、做大子公司，集团对子公司的日常经营管理活动不做过多直接干预。

三、集团管控模式的分类

1. 运营控制型管控模式

集团总部作为经营决策中心和目标管理中心，母公司对子公司的日常生产经营活动和具体业务大多进行直接管理，特别强调母子公司经营行为的统一，要求母子公司保持战略决策一致、行为步调一致、制度体系一致、企业文化一致，企业资源的集中控制和管理。

2. 战略控制型管控模式

集团作为战略决策和投资决策中心，主要通过战略管理、关键资源控制、关键人事控制等，使子公司的经营活动与集团整体发展战略保持一致的管控模式。集团对子公司的核心管控功能是发展战略管控与协调、核心业务规划、投资决策审批、资产/资本管理、关键资源分配、关键人事控制、监督服务与指导等。集团以追求总体战略控制和协同效应为目标，通过控制子公司的核心经营层，使子公司的业务活动服从于集团整体战略目标。集团总部对子公司干预较强，但子公司基于总部的分权和授权，在受控状态下有一定的自主经营管理权，集团对子公司的日常经营活动不做过多干预。

3. 财务控制型管控模式

集团总部作为投资决策中心，以追求资本价值最大化为目标，管理方式以财务指标考核为主。集团将注意力更多地集中在财务管理、投资决策、投后管理和实施监控上，集团主要关注财务目标的实现，并根据业务发展状况增持股份或适时退出，对子公司的具体生产经营活动基本不加干预。

4. 关联参股型管控模式

针对参股等有一定管理权限的弱关联公司采取的一种特定管控模式。一般通过高管委派或关键岗位委派、投后管理专家委派实现管理及控制。集团公司不对被参股公司进行实质性的管理，而是通过委派人员参与董事会、经营层决策，提供经营管理指导，表达集团意见，收集经营管理信息，提供增值服务等。

企业集团的内部管控往往是以一种模式为主导的多种模式的综合运用。

四、战略控制型子公司和财务控制型子公司集团统筹权力清单

根据“三重一大”决策制度精神，集团统筹的主要权力有：

1. 党建工作领导权

根据2019年12月30日中共中央发布的《中国共产党国有企业基层组织工作条例（试行）》的规定，国有企业集团党组织工作应当遵循以下原则：

（1）坚持加强党的领导和完善公司治理相统一，把党的领导融入公司治理各环节；

（2）坚持党建工作与生产经营深度融合，以企业改革发展成果检验党组织工作成效；

（3）坚持党管干部、党管人才，培养高素质专业化企业领导人员队伍和人才队伍；

（4）坚持抓基层打基础，突出党支部建设，增强基层党组织生机活力；

（5）坚持全心全意依靠工人阶级，体现企业职工群众主人翁地位，巩固党执政的阶级基础。

国有企业集团党委（党组）发挥领导作用，把方向、管大局、保落实，依照规定讨论和决定企业重大事项。主要职责是：

（1）加强企业党的政治建设，坚持和落实中国特色社会主义根本制度、基本制度、重要制度，教育引导全体党员始终在政治立场、政治方向、政治原则、政治道路上同以习近平同志为核心的党中央保持高度一致；

（2）深入学习和贯彻习近平新时代中国特色社会主义思想，学习宣传党的理论，贯彻执行党的路线方针政策，监督、保证党中央重大决策部署和上级党组织决议在本企业贯彻落实；

（3）研究讨论企业重大经营管理事项，支持股东（大）会、董事会、监事会和经理层依法行使职权；

（4）加强对企业选人用人的领导和把关，抓好企业领导班子建设和干部队

伍、人才队伍建设；

（5）履行企业党风廉政建设主体责任，领导、支持内设纪检组织履行监督执纪问责职责，严明政治纪律和政治规矩，推动全面从严治党向基层延伸；

（6）加强基层党组织建设和党员队伍建设，团结带领职工群众积极投身企业改革发展；

（7）领导企业思想政治工作、精神文明建设、统一战线工作，领导企业工会、共青团、妇女组织等群团组织。

2. 重大事项决策权

指涉及集团全局性、方向性和战略性的重大问题，涉及集团重大经济利益、影响集团整体对外形象等重大事项，都由集团进行集中审议决策。

主要包括：贯彻落实党的路线方针政策、党和国家重要法律法规及上级重大决策、重要工作部署的意见和措施；集团及子公司发展方向、发展战略、经营方针、中长期发展规划等重大战略管理事项；集团及子公司年度经营工作计划、工作报告、财务预算计划等重大运营管理事项；改制、兼并、重组、破产或者变更、国有产权转让等重大资本运营管理事项；资产损失核销、资产处置、国有产权变更、利润分配和弥补亏损等重大资产（产权）管理事项；重大安全/质量等事故、公共事件、重大突发事件等的调查处理；集团战略性内部机构改革、职能调整、工作流程优化；集团向上级请示、报告的重大事项等。

3. 重大人事管理权

（1）干部管理权：集团中层干部、子公司高层正副职及中层正职（含）及经集团党委认定需要进行人事管控的其他特殊岗位的任免、调动、定级定薪和管理权由集团负责。

（2）编制审批权：子公司年度员工编制数量、结构由集团负责审批、核准。

（3）招聘管理权：集团统筹审核本部及战略控制型子公司招聘需求，统一编制本部及战略控制型子公司招聘计划及实施方案，并统一组织实施。财务控制型子公司可按照管理权限和经集团审定的编制数量和结构自主实施招聘计划。

（4）绩效考核权：对子公司的绩效考核由集团统一管理和组织实施，并可以逐步扩大子公司的绩效考核自主权。

（5）关键人才审批权：对子公司拟引进的关键人才及其待遇由子公司拟订方案，由集团负责审批。

4. 融资及重大项目投资决策权

（1）融资权：按照“融资统筹”的原则，集团根据本部及子公司的融资需求统筹编制融资计划，统一进行资金筹集、调配及管理。

（2）重大项目投资决策权：子公司重点投资项目、子公司重点合资合作项目等重大项目的投资决策由集团负责审批。

（3）项目招投标管理权。

5. 预算及资金使用权

（1）预算管理权：国有企业集团非常需要推行全面预算管理，集团则负责子公司年度预算的审批。

（2）预算外审批权：子公司年度预算之外的支出应由集团负责审批。

（3）资金使用权：子公司资金的划转、调拨及账户管理应由集团统一负责。

6. 工资总额决定权

子公司工资总额应由集团负责核准，并应逐步扩大子公司的分配自主权。

7. 企业文化建设权

企业文化内涵确定权：集团的核心企业文化内涵及其建设方案应由集团统一确定；重大企业文化活动应由集团统一组织实施。

8. 督办督查权

督办督查的制度流程、事项范围等由集团负责制定、确定并组织实施。

9. 安全生产管理权

安全生产管理制度流程等应由集团负责制定并组织实施。

10. 组织绩效考核权

组织绩效考核制度流程应由集团负责制定并组织实施。对子公司的绩效反馈与绩效指导应由集团负责。

五、战略控制型子公司和财务控制型子公司权力清单

1. 战略管理权

根据集团确定的各子公司中长期战略定位及经营目标，各子公司可自行规划和制定发展战略及实施方案，报集团党委会审批后执行。

2. 日常经营管理权

战略控制型子公司在执行集团统一的运行机制和管理规范的基础上，可自行建立符合自身经营发展特点和要求的组织架构体系、岗位体系及其他管理制度，接受集团的监督、管理和指导；自行决定产品开发、业务开发、市场开发；负责日常生产经营管理工作。

财务控制型子公司可自行建立符合市场规律的组织架构、含岗位体系、运行机制和管理体系，自主运营；自行决定产品开发、市场开发；负责日常生产经营管理工作。

3. 顾问中介聘用权

战略控制型子公司可以自行决定聘用技术顾问 / 团队、营销顾问、管理顾问、法律顾问、独立董事、管理咨询公司、中介机构，并报集团备案。

财务控制型子公司可以自行决定聘用技术顾问 / 团队、营销顾问、管理顾

问、法律顾问、独立董事、管理咨询公司、中介机构。

4. 非重大投资项目投资决策权

在年度投资预算范围内且有明确投资项目明细的非重大投资项目上报集团分管领导审批后即可组织实施。

在年度投资预算范围之内但没有明确投资项目明细或在年度投资预算范围之外的非重大投资项目可采取一事一议，提请集团党委会审议审批。

5. 财务管理权

（1）预算内费用支出：原则上财务预算范围内的费用支出由子公司主要负责人负责审批，一般包括工作经费、会议费、党群费、培训费、宣传策划、车辆及运营、通信费、审计评估费、咨询顾问费、维修维护费、物业及租赁费、董事会会费、监事会会费、薪酬福利费、劳动保护费等。

对预算范围内的低值易耗品及固定资产采购等费用支出可以实行分权限管理，在子公司权限范围内的由子公司主要负责人审批，自行采购；超出子公司权限的上报集团分管领导审批，由集团统一采购。

预算范围之外的费用支出需上报集团财务管理部，由集团财务管理部组织相关部门组成审核小组，对子公司预算外支出的合理性进行审核，提出明确审核意见，并由财务管理部提请集团党委会审议审批。

（2）其他支出：财务预算内的其他财务支出需按月上报集团分管领导审批，一般包括营运成本、投资支出、融资还本付息支出、研发支出、税金及附加、往来款支付、营业外支出等。

预算范围之外的其他财务支出需上报集团财务管理部，由财务管理部组织相关部门组成审核小组，对子公司预算外支出的合理性进行审核，提出明确审核意见，并由财务管理部提请集团党委会审议审批。

6. 人事管理权

（1）编制管理权。战略控制型子公司其编制数量、结构由集团负责审批，子公司原员工编制属性不变。由集团统一招聘的员工、新引进或任命的干部可纳入集团编制。集团应鼓励子公司采用灵活、高效、经济、市场的用工方式。财务控制型子公司编制数量由集团负责审批，新进员工原则上不应纳入集团编制，原纳入集团编制的员工仍可保留其身份。

（2）员工招聘权。战略控制型子公司负责按照自身发展需求上报员工招聘需求，参与招聘评选过程，对拟聘人员具有选择建议权。如需要超出招聘配额进行人员招聘时，需上报集团组织人事部门组成审核小组，对子公司超额招聘需求情况进行审核，提出明确审核意见，并由组织人事部门提请集团党委审议审批。财务控制型子公司中层副职及以下员工招聘计划报集团审批通过后，可自行组织实施招聘工作，新进员工直接与子公司签订劳动合同。集团组织人事部负责对其招聘工作进行规范性审核和过程监控，参与关键评审环节。

（3）员工管理权。子公司中层副职及以下员工的公司内部调动、任免可由子公司自行组织实施，由子公司主要负责人负责初审，初审后应报集团分管领导审批；子公司中层副职及以下员工在子公司之间或子公司与集团本部之间的调动，由子公司主要负责人负责初审，初审后应报集团分管领导、主要领导审批；员工岗位调整需报集团组织人事部门备案。

（4）工资管理权。战略控制型子公司工资总额可由集团在年度预算目标中进行限定，执行集团统一的薪酬管理制度体系，普通员工定级定薪按照集团薪酬管理体系自行组织实施，由子公司主要负责人负责初审，初审后报集团分管领导审批。日常工资发放由子公司主要负责人负责审批，如有工资异动情况的需报集团分管领导审批。工资数据应报集团组织人事部门备案。财务控制型子公司可自行制定和执行相对独立的薪酬体系，薪酬管理制度需报集团党委会审批，工资总额与实际经济效益紧密挂钩，由集团在年度预算目标中进行限定。财务控制型子公司负责人年薪总额可由集团审批并考核。子公司工资管理制度及工资数据需报集团组织人事部门备案。

（5）绩效管理权。战略控制型子公司应按照集团统一的绩效考核体系组织实施内部绩效考核，绩效考核结果在集团组织人事部门备案；财务控制型子公司可根据集团下达的年度目标，自行制定和执行独立的内部绩效考核体系，绩效考核方案需报集团党委审批，考核方案及考核结果应在集团组织人事部门备案。

（6）培训管理权。子公司可以根据自身业务发展需要，在预算范围内自行组织实施内部培训计划。

六、集团对战略控制型和财务控制型子公司的管控举措

国有企业集团可通过“坚持党的全面领导”“抓住五个管控重点”“建立健全十个机制”“强化五项基础管理”对各子公司进行管控和监督，以强化集团的领导核心作用及对各项经营风险的管控，建立统分结合，责权利明确，边界清晰，管而有度，分而有序的集团管控体系和管控模式。

1. 坚持党的全面领导

集团应坚决贯彻党的各项会议精神，贯彻执行上级党委、政府党建重要工作部署，把党的领导贯穿集团经营管理全过程，牢牢把握正确方向，确保党的领导全覆盖，发挥好党总揽全局、协调各方的领导核心作用，不断提高把方向、谋大局、定政策、促改革的能力和定力，确保国有企业集团经营管理各项工作有序推进。

2. 抓住五个管控重点

（1）子公司发展战略规划。

（2）子公司主要干部任免。

（3）子公司年度经营工作计划。

（4）子公司重大投资决策。

（5）子公司工资总额管理。

3. 建立健全十个机制

（1）督办机制。包括上级及集团党委、行政重大决策部署的督促检查和督

办落实；党委会、董事会、总经理办公会所确定的重点工作的督办落实；以及综合治理、信访维稳、环保督查等工作的督办落实。

（2）监察机制。集团党委应成立监察工作领导小组，对监察发现的各项问题责令子公司进行整改，限期整改不到位的扣罚相关子公司绩效考核分数。对于监察过程中发现的违法、违纪事件，移交相关机构进行调查、处理。

（3）全面预算管理机制。集团推行全面预算管理，子公司拟定年度预算计划报集团审批，对子公司各项收入及支出进行科学化、计划性管理及控制，进一步优化资源配置，强化目标管理，进一步提升对子公司的管控质量和管控效率。

（4）风险控制机制。建立健全全面风险管控体系，预防和化解各种风险，提高风险防范与管理水平，保障集团稳健经营和可持续发展。

（5）审计机制。集团应协调上级审计机构、集团审计委员会以及外聘第三方外审机构组成联合审计小组，对子公司进行定期、不定期的综合审计、经营审计或者专项审计。对审计出来的各项问题，集团应追究相应负责人的管理责任；如果问题严重，集团应追究相应负责人的法律责任。

（6）会计委派制。为规范集团财务管理，防范财务风险，子公司财务会计岗位人员可由集团进行垂直委派，集团财务管理部负责会计岗位人员的统筹调配、管理。子公司负责会计人员的日常管理。集团委派会计人员接受双重考核。

（7）分管领导责任机制。集团应充分发挥班子成员的积极性和集体智慧，强化分管领导的责任，深入调研，具体指导，排忧解难，强力推进各项工作。坚决做到每一个党委委员、每一个班子成员都是一面干事创业的旗帜，都是奋力开创工作新局面的标杆，都是廉洁务实的模范。

（8）重大错误责任追究制。对因作风不实、信息不准、调研不深、执行不力、决策错误、互相推诿、论虚作假、责任心不强、麻木迟钝等造成重大错误决策或者重大损失的，要严格责任追究制度。

（9）奖惩机制。子公司工资总额由集团负责核准，与子公司绩效紧密联动；子公司应严格执行集团制定的工资与绩效管理制度，集团及子公司内部实行奖优罚劣，赏罚分明。

（10）培养机制。集团建立健全全员培养机制，围绕集团发展战略确立重点培训内容，提高培训的针对性和有效性，全面提高员工的经营管理素质和能力。

4. 强化五项基础管理

（1）绩效考核。国有企业集团应改进绩效考核制度，克服绩效考核中的各种形式主义，建立健全公正、客观、科学的绩效考核评价指标体系，突出经济效益指标，强化考核刚性。

（2）法务管理。集团对子公司法务事务应进行严格管控，以有效防范法律风险。子公司各项业务合同、协议等相关法律文件应提交集团风控法务部门审核；同时，集团应为各子公司经营管理中的法律相关事务提供法律咨询和法务支持。

（3）组织管理。国有企业集团可以通过实施轮岗、交流、竞聘、调任、职位升降、末位淘汰等组织管理措施，加大优化队伍结构力度，提升队伍整体素质能力，让“能上能下”“能左能右”“能进能出”成为国企组织管理新常态。

（4）信息报告。包括子公司主要负责人定期述职、财务信息报告、重要经营管理信息报告、重大专项事务信息报告、重大突发事件报告等。

（5）企业文化。文化是组织的基因，塑造组织的灵魂。集团应打造统一的企业文化，培育集团独特的精神气质。

第九章　国有企业的市场化转型升级

一、国有企业的市场化转型升级的必要性

1. 政策导向指引国企市场化转型升级

国务院深化国有企业改革领导小组从顶层设计提出了“1 + N”配套系列文件，《关于深化国有企业改革的指导意见》（中发〔2015〕22 号）被称为国企改革的“顶层设计”。党的十八届三中全会指出：“必须毫不动摇巩固和发展公有制经济，坚持公有制主体地位，发挥国有经济主导作用，不断增强国有经济活力、控制力、影响力。”同时明确提出：“必须适应市场化、国际化的新形势，进一步深化国有企业改革，推动国有企业完善现代企业制度。”这是中央对国有企业改革的新要求，是增强国有企业活力和竞争力、提高国有经济发展质量的有效途径和必然选择，对完善以公有制为主体、多种所有制经济共同发展的基本经济制度和社会主义市场经济体制具有重要的意义。2019 年 11 月 12 日，国务院副总理刘鹤主持国务院国有企业改革领导小组第三次会议并讲话，要求坚持国有企业市场化改革方向不动摇，以高度的政治责任感和使命感推动国有企业改革向纵深发展。

自 2017 年以来，每年的政府工作报告都明确提出了建立健全市场化经营机

制的要求。2017年政府工作报告提出：要以提高核心竞争力和资源配置效率为目标，形成有效制衡的公司法人治理结构、灵活高效的市场化经营机制。2018年政府工作报告提出：加快形成有效制衡的法人治理结构和灵活高效的市场化经营机制，持续瘦身健体，提升主业核心竞争力，推动国有资本做强做优做大。2019年政府工作报告提出：完善公司治理结构，健全市场化经营机制，建立职业经理人等制度。2020年政府工作报告提出：国企要聚焦主责主业，健全市场化经营机制，提高核心竞争力。2020年6月30日，中央全面深化改革委员会召开第十四次会议，会议审核通过了《国企改革三年行动方案（2020—2022年）》。该“行动方案”以习近平关于国有企业改革发展和党的建设的重要论述为指导，以国企改革与产业结构调整优化为主线，以市场化经营机制改革为方向，以激发微观主体活力为目的，明确提出了国企改革的总体要求和首要任务、改革的主要方向与具体内容、改革的时间表与路线图，标志着我国国企改革进入了关键历史新阶段。

2. 政府融资平台公司转型要求实现市场化转型升级

在当前金融强监管、融资渠道逐渐收紧的新形势下，各种政策法规接连发布。国务院2010年19号文《关于加强地方政府融资平台公司管理有关问题的通知》，将地方政府融资贷款分为三类：①融资平台公司因承担公益性项目建设举借、主要依靠财政性资金偿还的债务；②融资平台公司因承担公益性项目建设举借、项目本身有稳定经营性收入并主要依靠自身收益偿还的债务；③融资平台公司因承担非公益性项目建设举借的债务，对于后两类将尝试市场化运营。从国务院2014年43号文开始，国家已经严格要求平台公司必须剥离融资职能，实行市场化转型，不得再为地方政府进行融资。国办发〔2015〕42号指出：“大力推动融资平台公司与政府脱钩，进行市场化改制，健全完善公司治理结构，对已经建立现代企业制度、实现市场化运营的，在其承担的地方政府债务已纳入政府财政预算、得到妥善处置并明确公告今后不再承担地方政府举债融资职能的前提下，可作为社会资本参与当地PPP项目。”进入2017年后，国家的政策更是密集出台，尤其通过50号文、87号文、194号文等文件，明确要求平台公司必须转型。特别是中共中央27号文和财经23号文中，不仅对地方政府和平台公司进行了严格要求，更是严禁国有金融机构和央企国企为地方政府和平台公司提供各类违规融资。财政部在92号文和54号文中明确指出，地方政府融资平台公司不得作为社会资本方参与PPP项目，否则属于不合规，严格清退出库或者不得新入库。进入2018年从部分省份到中央已经明显释放了融资平台转型期限的信号，转型步伐已经明显提速。中共中央、国务院于2018年7月29日下发《关于防范化解地方政府隐性债务风险的意见》，9月13日，中共中央办公厅、国务院办公厅下发《关于加强国有企业资产负债约束的指导意见》，禁止平台公司继续承担政府项目的融资职能，并明确了要尽快确定平台公司的转型期限，出台平台转型的指导意见。由此可见，平台转型已经不是“明天”要做的事情，而是“今天”要做的事情。市场化转型升级是国有企业作为社会资本方参与PPP项目的必经之路。作为社会资本方开展PPP业务，从而获得项目的主动权和较大收益，一直是国有企业，特别是平台公司的重要战略目标，而这种目标的实现，平台转型是前提条件。与此同时，由于对政府违规违法举债的约束，以及对官员考核机制的转型，地方政府投资规模将会明显收缩。因而，部分实力较弱的平台公司未来业务前景和发展空间将会受限。如果平台公司不进行相应转型，增强自身造血功能，消除债务隐患，未来势必面临被淘汰的风险。

3. 市场环境要求国有企业市场化转型升级

国际政治、经济、科技环境的深刻变化，国家财政面临的巨大压力，国有企业自身改革与发展中存在的诸多问题，以及国内民营企业发展遇到困难对于公平竞争的市场环境的呼唤，都要求加快和深化国有企业市场化转型升级发展。更为严重的是，在知识产权保护名义之下，源自外部的高新技术、特别是关键核心技术进步通道正在被封死，在创新驱动还没有真正成为经济发展主动力之前，我国经济形势只会越来越严峻，且这一过程将是长期的。当前，宏观经济面临下行压力，民营企业面临较大经营压力，市场开始关注国企与民企不同“命运”问题。

此时，我们更加需要加快国企的市场化改革，以创造公平竞争的市场环境，避免民营资本产生消极预期。国有企业，包括国有平台公司，实现市场化转型升级不仅是为了未来发展的需要，更是为了解决现实的生存问题。国有企业只有进行了真正的市场化转型升级，才有条件继续生存，才有能力继续发展，才能不断增强驾取市场和抗击市场风险的能力，才有可能真正做强做优做大。

二、国有企业的市场化转型升级的基本内涵

国有企业市场化转型指国有企业的资源配置主要由政府的行政控制转变为以市场配置为主，通过市场化改革，使国有企业成为自主经营、自负盈亏、自担风险、自我约束的市场竞争主体，为经济社会发展增添动能。要推进国有企业，特别是国有平台公司尽快回归企业属性，逐步成为主业经营突出、经营机制灵活、现金流稳定、盈利能力强的产业实体和市场竞争主体，力争培育具有全球资源配置能力的世界一流企业。

1. 国有企业市场化转型升级的内在要求

（1）独立性：企业独立运作。“政企不分”使得国有企业偏离企业的本质，是造成国有企业效率低下的重要原因。国有企业应严格按照有关法律法规和公司章程规定，规范设立并独立运作，消除、减少、避免无效低效的、过多过频的、妨碍经营的行政干预。要真正落实政企分开、政资分开，出资人代表机构要落实对国有企业授权放权的主体责任，依法确立国有企业的市场主体地位，最大限度减少政府对国有企业参与市场经营活动的直接干预，强化国有企业的经营意识与经营职能建设。要充分发挥国有企业党组织的领导作用，企业依法依规行使自主经营权，依法落实董事会、总经理办公会的各项职能职责，健全国有企业法人治理结构，促进国有资本做强做优做大，切实增强国有经济活力、控制力、影响力和抗风险能力，促进国有企业在市场竞争中健康发展。

（2）自主性：国有企业要真正成为自主经营、自负盈亏、自我发展、自我约束的独立法人实体和市场竞争主体。“市场化”要求国有企业的资源配置按市

场规则进行，生产要素和产品的获取、交易都由市场提供和决定。但国有出资人的特殊身份使得国有企业在经营与管理中往往具有鲜明的行政色彩。国有企业决策事项审批链条过多，经营发展受到行政干扰的情况时有发生。作为市场主体，企业的本质在于通过商业化运作，在满足市场需求的同时，通过充分的经营自主，实现企业自身发展。深化国有资产管理体制改革，保障企业依法享有经营自主权是推进国有企业持续、健康、稳定发展的重要条件。

（3）异质性：不同地区、不同行业中国有企业发展现状及市场化转型的程度有很大差异。国有企业市场化转型必须坚持从自身实际情况出发，具体问题具体分析，避免盲目性和一刀切。现代市场经济丛林中的国有企业，一定不是千篇一律、千人一面的，在成长路径、发展模式、业务布局、组织管控等诸多方面日益呈现出多样性、丰富性和差异性。国有企业在大力推进转型升级的发展过程中，应坚持有所为有所不为，垄断性国企应尽快退出一般竞争性行业，让市场选择投资者，在市场竞争中实现优胜劣汰；重点推进国有资本投资、运营公司作为国有资本市场化运作的专业平台，以资本为纽带、以产权为基础开展国有资本运作；积极引进高匹配度、高认同感、高协同性的战略投资者；积极推进有条件的国有企业上市，提高资本流动性，放大国有资本功能。

2. 国有企业市场化转型——转型转什么？

（1）转组织性质。从准行政性组织转变为真正自主经营、自负盈亏的企业经济组织，转变为真正的竞争类企业；从政府的附属机构转变为真正的企业组织，完善法人治理结构，实行政企职责分开。

（2）转发展跑道。从主要围绕着政府的行政指令转转变为紧紧跟随着市场变化转；关注的焦点从“市长”转向“市场”；企业内部从“管理”转向“经营”；从重视政企关系转向高度重视客户关系，积极开拓客户资源；从跑政府要资源、要项目转变为向市场抢客户、抢资源、抓机遇。

（3）转角色意识。从根深蒂固的官本位意识转变为真正的企业家和职业经理人意识，做真正的“企业人”；从我是“政府的人”转变为我是“企业的人”；

从我是“官场的人”转变为我是“市场的人”；从政府行政性思维转变为企业经营性思维；从政府政绩思维转变为企业经济效益思维。

（4）转经营机制。全面建立灵活高效的市场化经营机制，从浓厚的行政化管理机制转变为充满竞争性、不确定性的市场化经营机制；从强调程序性、合规性转向强调适应市场“竞争性”、灵活性；从向政府要待遇转变为通过向市场提供优质产品和服务要利润；从拖拖拉拉的“等、靠、要”转变为快速响应市场，抢抓市场机遇。

（5）转分配机制。从官本位的薪酬体系转变为业绩、效益导向的绩效薪酬体系；异岗异薪，工资重点向创造经济效益的单位、个人倾斜；员工工资与个人业绩紧密挂钩，与企业效益紧密挂钩，工资提高必须靠创造效益增加；打破各种平均主义，职工工资能增能减，充分调动职工创效主动性和积极性。在企业内部要完善基于工作分析的职位岗位工作职责制度，建立基于公司战略目标、部门职责、岗位职责的指标分解体系，建立健全更为科学和有效激励的企业负责人薪酬管理体系，努力探索市场化薪酬、绩效管理机制的设计和运行机制，合理体现企业员工价值。

（6）转知识能力体系。从过去熟悉的行政化管理的制度、流程、体系、知识、经验、习惯、作风、能力转变为适应现代企业经营管理的新制度、新流程、新体系、新知识、新经验、新习惯、新文化、新作风、新能力；从重视按部就班的行政能力转变为不确定性环境下的经营能力；从懂政府转变为懂市场、懂顾客、懂企业、懂经营、懂技术。同时企业要切实增强五种能力：主营业务的核心竞争能力；公司赢利能力；市场开拓、业务拓展能力；生产型公司的产品研发能力；各级管理者的领导能力。

（7）转思想观念。解放思想、转变观念是一切改革与创新的“总开关”。进行市场化的转型，必须树立市场化的观念。所谓“市场”就是权利对等的买卖双方的自由交易。其中，既有供给方的供给竞争，也有需求方的需求竞争。这种“自由交易”的市场经济的理念，是长期以来按照政府指令进行生产和供给的国有企业所不具备的。因此，必须从企业自身建设出发，以发展为核心，不断增强对市场的影响力、带动力和控制力。大力倡导市场化观念，并在经营实践中，引入市场化的运营理念指导经营工作，对取得经营效益的最大化起有效的促进作用。做好宣传引导，营造良好氛围。坚持鼓励探索、实践、创新的工作导向和舆论导向，采取多种方式解读宣传改革国有资本授权经营体制的方针政策，积极宣介推广改革典型案例和成功经验，营造有利于市场化转型的良好环境。

3. 国有企业市场化转型升级——升级升什么？

（1）经营能力升级。尊重市场经济一般规律与要求，充分发挥市场对资源配置的决定性作用。将公司工作重心放在经营，根据出资人代表机构的战略引领，自主决定发展规划和年度投资计划，清晰企业战略定位和使命，强化主营业务。培育资本运营功能，提升资本运作效率。

（2）管理水平升级。坚持党的领导、加强党的建设，把党的领导与完善公司法人治理结构紧密结合，持续推动规范董事会建设，完善“三重一大”事项决策程序等等，加强内部管理，每个部门每个岗位的权责利划分明确，加强激励与约束，严格按照相关的法律法规，制度和规范，公开透明的进行操作。对于公司管理者的选聘，逐步建立职业经理人等制度。由懂政治的企业家管理国有企业。改变用政府官员的要求和标准配备国企主要领导干部。在党管干部的前提下，董事会、经理层各司其职外，还需要通过充分的授权、制度化的用人和激励机制，激发员工的工作积极性、企业的内在动力，才能带动企业业绩呈现良好的提升。

（3）团队素质升级。对于企业来说特别是国有企业，仅仅激励和约束管理层是不够的，如何让全体员工或绝大多数员工关心企业的发展，关心公司的未来，对全民所有制的国企更加重要。一方面营造良好的企业文化氛围，提高员工文化素质。社会主义市场经济是法治经济，“君子爱财，取之有道”，这个“道”就是所有市场上的交易主体必须严格遵守法律、法规和国家政策，尊重契约精神，诚实守信。另一方面，加强员工培训，打造学习型组织，即全员学习、持续学习、全过程学习，提高员工专业技能知识。通过把文化凝聚、共同价值观培育转化为员工的积极性、主动性和创造性，增强企业软实力。

（4）业务、产品质量升级。质量是硬标准。补短板强弱项筑基固本，适应新时代的变化挑战，深刻剖析在补短板、强弱项、堵漏洞、提质量等方面存在的不足，不断夯实可持续发展根基，提升质量和效益。塑造品牌，提升品牌价值，加强竞争力与影响力。品牌升级是品牌主动力求突破发展瓶颈的解决方案，一个持续稳定发展的品牌，能给客户带来长久稳定的合作，成为企业的长久竞争力。

（5）核心竞争能力升级。通过提升公司的管理、技术、资金、资质、品牌、人才等优势，从而提升公司的核心竞争力与可持续发展能力，确保企业稳健发展。

（6）技术含量升级。科研创新和技术开发非一日之功，企业整合资源将力往一处使，明确关键核心技术主攻方向，深度提高企业自主研发能力。运用现代化信息技术改造企业，在企业管理的各个环节中不断提高企业管理的效率和水平，实现生产数字化、可视化，决策、管理过程信息化，公开化，透明化，实现资源优化配置。国有企业在开展管理信息化建设过程中，应把握“自上而下”进行“顶层设计”的思路。搭建实时在线的国资监管平台。出资人代表机构要加快优化监管流程、创新监管手段，充分运用信息技术，整合包括产权、投资和财务在内的信息系统，搭建连通出资人代表机构与企业的网络平台，实现监管信息系统全覆盖和实时在线监管。建立模块化、专业化的信息采集、分析和报告机制，加强信息共享，增强监管的针对性和及时性。加强大数据、云计算、5G 工业互联网、ERP、智慧城市系统在企业端的应用，提高决策效率，实现管理创新，从而实现资源的优化配置，提高企业经济效益和竞争能力。

（7）经济效益升级。对于竞争类企业来说，长期处于没有经济效益的状态是对国家资源的极大浪费和低效无效使用，这样的企业是不可能让其在市场中长期生存的。作为一个自主经营、自负盈亏的企业，必须要强化六种意识：危机意识、市场意识、科技意识、效益意识、成本意识、发展意识。对内盘活存量资源，增加国有资本的流动性。一些集团公司中存在“僵尸企业”长期占有国有资本，缺不产生效益，严重浪费了要素资源，必须加快“僵尸企业”出清，通过积极支持固定资产证券化、开展土地资源再利用等方式进行债务处置，充分利用市场化手段盘活资产，杜绝以往仅仅依靠政府补贴的现象。对外通过引进社会资本、股权多元化合作等多种形式进行市场化改革。发挥市场的决定性作用，追求长远利益，放大国有资本功能，实现国有资产保值增值，实现各种所有制资本取长补短、相互促进、共同发展。

三、强化国有企业经营工作

经营意识弱化、经营功能虚化、经营职能淡化是国有企业，特别是国有平台公司的通病。为此，必须强化经营意识和经营功能，切实落实经营职能，大力加强经营工作。

主要抓好以下十六个方面的工作：

1. 抓企业发展战略

公司和每个子公司都要有清晰的发展战略、发展思路、发展重点、发展举措、发展目标。坚持实事求是的原则制定公司发展战略，尤其是产业结构、业务布局的战略性调整，是企业发展的主线，只有在市场化的大背景下通盘考虑，才能使企业跟上市场经济发展的步伐，使发展战略调整切实起到促进经济增长的作用。

2. 抓企业主业聚焦

能不能够真正聚焦，真正做出有竞争力的产品和业务，是关系到公司经营到底要怎么发展的战略性选择问题。要坚持聚焦、聚焦、再聚焦；专注、专注、再专注。唯有聚焦才有特色，唯有专注才有优势。要把主营业务做精、做透、做强、做大、做优。国有企业、平台公司的每个子公司要进一步向自己的主业聚焦，增强股权运作、价值管理等能力，真正创造自己的核心竞争能力。实现国有资本形态转换，变现后投向更需要国有资本集中的行业和领域。

3. 抓市场开发与业务开拓

企业按照有进有退的原则合理进行业务布局，充分发挥市场机制的作用。市场是要去开发的，机会是要去寻找的，机遇是要靠抢来的，资源是要去争取的，产品是要靠推广的。

4. 抓业务创新与产品创新

企业必须真正能够为客户创造价值。市场无论怎样发展变化，归根结底是靠产品说话，唯有创造顾客价值才能赢得市场青睐。

5. 抓经营调度与快速反应

企业资源是有限的，合理整合资源促进效益最大化。要加强经营调度分析，及时、具体、高效的解决生产经营中的各种实际问题。

6. 抓成本控制与降本增效

加强成本控制，搞好降本增效。降本是基础，关键在增效。要建立健全全面成本管控体系，不断挖掘增效潜力。强化财务硬约束、削减和规范补贴、完善激励机制、提高劳动生产率和资金回报率等重点领域和关键环节，提出明确的任务举措，制定量化、可考核的具体指标。

7. 抓企业经营责任落实

强化责任意识，包括分管领导的责任意识，必须把你所分管的子公司经营好、管理好，创造真正的经济效益。坚持强化问责，推动管党治党责任严格落实，紧紧抓住党建责任制这个“牛鼻子”，进行巡视巡察和督察工作，从根本上解决管党治党责任不明确、不落实的问题。培养务实的经营管理风格，办实事、说实话、算实账、出实招。一个一个机会认真分析，一个一个客户努力争取，一个一个项目具体落实，一个一个潜力充分挖掘，一点一点资产千方百计盘活，一点一点利润聚少成多。

8. 抓质量控制与品牌培育

包括工程战略、服务质量、产品质量、工作质量等。过硬的质量是公司发展的生命，是公司品牌价值的核心，是促进公司可持续发展的最宝贵的无形资产。

9. 抓经营风险防控

包括决策风险防控、融资风险防控、化债风险防控、投资风险防控、投后管理风险防控、市场风险防控、经济效益风险防控、安全生产风险防控、人员风险防控、管理风险防控等。

10. 抓经营机制创新

包括决策机制、内部管理机制、具体运营机制、分配机制、奖惩机制、监管机制等。建立科学的管理考核流程与监管机制，提高管理工作的真实性与有效性。

11. 抓激励机制创新

科学定岗定责定薪，确定科学的薪酬结构及发放方式，解决好内部公平。此外，符合条件的企业可采用任期激励、员工持股、科技入股、企业合伙人等为主要手段的长期激励，使员工和企业之间形成利益共同体，充分调动员工的积极性，发挥人才、知识资本在企业发展过程中的重要作用。

12. 抓经营资源开拓与经营能力提升

包括金融资源、市场资源、客户资源、渠道资源、牌照资源、品牌资源、技术资源、关键人才资源、政府资源、关系资源等。通过培训、实战、市场历练、市场磨炼等不断提高公司团队的经营能力和经营素质。增强股权运作、价值管理等能力，实现国有资本形态转换，变现后投向更需要国有资本集中的行业和领域。

13. 抓服务意识强化与服务质量提升

要大力强化客户服务意识，真正去行政化管理色彩，去平台化运营模式，去官商作风。以真诚取信客户，以服务赢得市场。

14. 抓经营过程管控

贯彻落实党的十九大提出的培育具有全球竞争力的世界一流企业目标，需要进一步提高业绩考核的科学性和针对性，构建与世界一流企业对标的考核指标体系，把国际对标行业对标逐步贯穿于考核指标设置、目标设定、过程监控、考核计分和结果核定的全过程，推动高质量发展。中高层团队要时刻关注经营过程，切实加强经营过程管控，以确保经营目标的实现。

15. 抓经营绩效考核与奖惩兑现

贯彻落实党的十九大提出的培育具有全球竞争力的世界一流企业目标，需要进一步提高业绩考核的科学性和针对性，构建与世界一流企业对标的考核指标体系，把国际对标行业对标逐步贯穿于考核指标设置、目标设定、过程监控、考核计分和结果核定的全过程，推动高质量发展。构建科学的业绩考核机制与市场化激励机制，要把考核的重点放在经营绩效上，把经济效益考核作为重中之重。在企业内部要完善基于工作分析的职位岗位工作职责制度，建立基于公司战略目标、部门职责、岗位职责的指标分解体系，建立健全更为科学和有效激励的企业负责人薪酬管理体系，努力探索市场化薪酬、绩效管理机制的设计和运行机制，合理体现企业负责人价值。

16. 抓好企业党建工作

坚守“党对国有企业的领导”的政治方向和政治原则，正确把握党建工作“变与不变”的关系：坚持国有企业的运行体制机制可以变，坚持党的领导、加强党的建设的“根”和“魂”不能变；国有企业党组织的工作方式和模式可以变，坚持发挥党组织领导核心和政治核心的作用不能变；国有资本流动配置和布局结构可以变，实现国有资产保值增值、提高国有经济竞争力、放大国有资本功能的目标不能变。坚持以资本为纽带，沿着国有企业领导人员管理链条，建立统一归口、责任明晰、有机衔接的党建领导体制，明确“资本到哪里，党的作用就发挥到哪里”；坚持组织全覆盖，建立健全适应产权关系和管理模式的基层组织体系；坚持立破并举，健全党建工作的主干性、支撑性制度体系，不断细化完善“管资本”形态下的党建工作规则、流程、措施，实现管资本和管党建相统一。以市场化方式体现国家战略意志、服务央企布局结构调整、完成急难险重任务。

第十章　国有企业的三项制度改革

一、改革国有企业工资决定机制指导思想、基本原则和主要内容

薪酬制度改革一直是国有企业改革的重要内容之一，是完善国有企业内部经营机制、贯彻社会主义按劳分配原则、充分调动国有企业员工积极性的重要手段。党和国家非常重视国有企业内部的薪酬制度改革问题，先后出台了一系列的改革措施，应该说取得了一定的成效，在某些国有企业还取得了很好的效果。但从国有企业的整体情况来看，薪酬制度改革还没有达到预期的效果。

为此，2018 年 3 月，习近平总书记在中央全面深化改革委员会第一次会议上强调："改革国有企业工资决定机制，要坚持建立中国特色现代国有企业制度改革方向，建立健全同劳动力市场基本适应、同国有企业经济效益和劳动生产率挂钩的工资决定和正常增长机制，完善国有企业工资分配监管体制，充分调动国有企业职工的积极性、主动性、创造性。"

1. 改革国有企业工资决定机制的指导思想

2018 年 5 月 13 日，《国务院关于改革国有企业工资决定机制的意见（国发〔2018〕16 号）》（以下简称《意见》）明确指出："国有企业工资决定机制改革是完善国有企业现代企业制度的重要内容，是深化收入分配制度改革的重要任

务，事关国有企业健康发展，事关国有企业职工切身利益，事关收入分配合理有序。改革开放以来，国家对国有大中型企业实行工资总额同经济效益挂钩办法，对促进国有企业提高经济效益、调动广大职工积极性发挥了重要作用。随着社会主义市场经济体制逐步健全和国有企业改革不断深化，现行国有企业工资决定机制还存在市场化分配程度不高、分配秩序不够规范、监管体制尚不健全等问题，已难以适应改革发展需要。”其指导思想是：“全面贯彻党的十九大精神，以习近平新时代中国特色社会主义思想为指导，认真落实党中央、国务院决策部署，统筹推进‘五位一体’总体布局和协调推进‘四个全面’战略布局，坚持以人民为中心的发展思想，牢固树立和贯彻落实新发展理念，按照深化国有企业改革、完善国有资产管理体制和坚持按劳分配原则、完善按要素分配体制机制的要求，以增强国有企业活力、提升国有企业效率为中心，建立健全与劳动力市场基本适应、与国有企业经济效益和劳动生产率挂钩的工资决定和正常增长机制，完善国有企业工资分配监管体制，充分调动国有企业职工的积极性、主动性、创造性，进一步激发国有企业创造力和提高市场竞争力，推动国有资本做强做优做大，促进收入分配更合理、更有序。”

2. 改革国有企业工资决定机制的基本原则

《意见》提出改革国有企业工资决定机制的基本原则是：

（1）坚持建立中国特色现代国有企业制度改革方向。

（2）坚持效益导向与维护公平相统一。国有企业工资分配要切实做到既有激励又有约束、既讲效率又讲公平。坚持按劳分配原则，健全国有企业职工工资与经济效益同向联动、能增能减的机制，在经济效益增长和劳动生产率提高的同时实现劳动报酬同步提高。统筹处理好不同行业、不同企业和企业内部不同职工之间的工资分配关系，调节过高收入。

（3）坚持市场决定与政府监管相结合。充分发挥市场在国有企业工资分配中的决定性作用，实现职工工资水平与劳动力市场价位相适应、与增强企业市场竞争力相匹配。更好发挥政府对国有企业工资分配的宏观指导和调控作用，改进和加强事前引导和事后监督，规范工资分配秩序。

（4）坚持分类分级管理。根据不同国有企业功能性质定位、行业特点和法人治理结构完善程度，实行工资总额分类管理。按照企业国有资产产权隶属关系，健全工资分配分级监管体制，落实各级政府职能部门和履行出资人职责机构（或其他企业主管部门，下同）的分级监管责任。

3. 改革国有企业工资决定机制的主要内容

《意见》提出的改革国有企业工资决定机制的主要内容是：

（1）改革工资总额决定机制。包括：改革工资总额确定办法；完善工资与效益联动机制；分类确定工资效益联动指标。

（2）改革工资总额管理方式。包括：全面实行工资总额预算管理；合理确定工资总额预算周期；强化工资总额预算执行。

（3）完善企业内部工资分配管理。包括：完善企业内部工资总额管理制度；深化企业内部分配制度改革；规范企业工资列支渠道。

（4）健全工资分配监管体制机制。包括：加强和改进政府对国有企业工资分配的宏观指导和调控；落实履行出资人职责机构的国有企业工资分配监管职责；完善国有企业工资分配内部监督机制；建立国有企业工资分配信息公开制度；健全国有企业工资内外收入监督检查制度。

2018 年 12 月 11 日，根据《意见》的精神和要求，国务院国有资产监督管理委员会令第 39 号发布《中央企业工资总额管理办法》，并明确于 2019 年 1 月 1 日起施行。

二、国有企业内部分配制度改革的基本原则与要求

1. 国有企业内部分配制度改革的基本原则

（1）总量控制原则。国有企业应根据公司及子公司的经营业绩状况，在政策规定范围和公司股东会、董事会确定的工资总额内控制公司薪酬总量。各子公

司内部分配中，不得突破经公司决算核准的工资总额。

（2）业绩导向原则。改革分配方式，工资重点向创造经济效益的单位、个人倾斜。员工工资与个人业绩、企业效益紧密挂钩。打破各种平均主义，职工工资能增能减，充分调动职工创效主动性和积极性。

（3）市场导向原则。充分发挥市场在工资分配中的决定性作用，实现职工工资水平与劳动力市场价位相适应、与增强企业市场竞争力相匹配。

（4）公平性原则。效益优先，兼顾公平，调节过高收入，同时适度向工资水平偏低的一线职工倾斜。

（5）可持续发展原则。薪酬的确定与增长应与公司的发展阶段、发展水平相适应，与公司整体经济效益情况相适应，并保持薪酬分配制度的相对稳定性。

（6）薪酬结构合理原则。企业内部应根据行业特点、员工岗位特性，合理确定薪酬结构及比例，充分体现与岗位绩效挂钩，与风险控制联动，与责任承担对称，形成责任愈大、工资水平愈高，绩效工资占比愈高的分配机制。

（7）岗变薪变原则。国有企业应坚持按岗定薪、岗变薪变。

2. 国有企业内部分配制度改革的基本要求

（1）全面树立“工资是挣出来”的核心理念。国企必须真正实行员工个人工资水平能增能减机制。

（2）国企应建立健全职工薪酬市场对标体系，构建以岗位价值为基础、以绩效贡献为依据的薪酬管理制度。强化全员业绩考核，合理确定各类各级人员薪酬水平、适当向创造价值的核心人才、关键岗位和工资水平偏低的一线职工倾斜，逐步提高核心骨干员工薪酬的市场竞争力；非核心岗位的工资应逐步与劳动力市场价位接轨，合理拉开工资分配差距，调整不合理的偏高、过高收入。

（3）国企应调整优化工资收入结构，逐步实现职工收入工资化、工资货币化、发放透明化。所有工资性收入一律纳入工资总额管理。

（4）国企要规范职工福利保障管理，严格执行国家和集团关于社会保险、住房公积金、企业年金、福利费等政策规定，不得超标准、超范围列支。企业效益下降的企业，应当严格控制职工福利费支出。

（5）国企应加强人工成本监测预警，建立全口径人工成本预算管理制度，严格控制人工成本不合理增长，不断提高人工成本投入产出效率。

（6）国企应建立健全公司内部监督机制。企业内部收入分配制度、中长期激励计划以及实施方案等关系职工切身利益的重大分配事项应当履行必要的决策程序和民主程序，并报公司董事会、股东会核准。

三、工资总额的概念内涵

改革工资总额决定机制是《国务院关于改革国有企业工资决定机制的意见（国发〔2018〕16号)》的关键内涵，工资总额是《意见》的关键概念之一。

工资总额，是指由企业在一个会计年度内直接支付给与本企业建立劳动关系的职工的劳动报酬总额（含企业负责人薪酬），包括工资、奖金、津贴、补贴、加班加点工资以及特殊情况下支付的工资等。

原则上，企业工资总额预算编制基础出现重大变化、经济效益预算目标和预算管理范围发生变化时，可以申请对工资总额预算进行调整一次。企业工资总额在一个会计年度内在预算范围不发生变化的情况下，原则上增人不增工资总额、减人不减工资总额，但发生兼并重组、新设企业、机构或项目等情况的，可以合理增加或减少工资总额。企业承担重大专项任务的予以适度支持。

四、在国有企业集团内部建立子公司工资效益联动机制

在国有企业集团内部，往往子公司众多。怎么调动子公司的积极性，打破子公司与子公司之间的平均主义，这是国有企业内部搞活的一个重要课题。根据《意见》的主要精神，集团对子公司同样应改革子公司工资总额决定机制。包括改革工资总额确定办法，完善工资与效益联动机制，分类确定工资效益联动指标等。为此，在国有企业集团内部可以建立如下的子公司工资效益联动机制。

（1）子公司工资总额 = 预算基数 ± 效益联动增减额。

（2）子公司效益联动增加额 = 年度净利润增加额/上年度净利润 × 效益联动

增幅×预算基数×劳动效率系数×年度考核等级系数。

(3) 子公司效益联动减少额=年度净利润减少额/上年度净利润×效益联动减幅×预算基数×(2-劳动效率系数)×(2-年度考核等级系数)。

值得注意的是:

(1) 经济效益预算指标基数原则上以上年度财务决算表反映的经济效益指标完成值为基数。

(2) 国有企业应严格遵循企业会计准则,真实、客观、准确、及时记录和核算收入、成本、费用、利润。

(3) 法定福利及津补贴等应纳入子公司工资总额进行管理。法定福利包括社会保险、住房公积金、企业年金。同时应规范职工福利保障管理,严格执行国家关于社会保险、住房公积金、企业年金、福利费等政策规定,不得超标准、超范围列支。

(4) 集团对子公司工资总额管理应实行年初预算与年终决算。

五、改革国有企业干部制度的主要制度安排

公司干部制度改革是国有企业三项制度改革的重要内容,也是搞活国有企业的重要条件。其核心是坚持党管干部原则,大力推行经理层成员任期制和契约化管理,实行干部能上能下,凭业绩定去留的用人机制。其目的是增强企业市场竞争能力,锻造优秀的经营管理团队,进一步提高经营管理人员的职业素质和经营管理能力,更好地激发干事创业激情。

2013 年 6 月 29 日,习近平总书记在全国组织工作会议讲话:“用一贤人则群贤毕至,见贤思齐就蔚然成风。”“要树立强烈的人才意识,寻觅人才求贤若渴,发现人才如获至宝,举荐人才不拘一格,使用人才各尽其能。”

2013 年 11 月,十八届三中全会上习近平总书记就《中共中央关于全面深化改革若干重大问题的决定》发表讲话指出:“国有企业要合理增加市场化选聘比例,合理确定并严格规范国有企业管理人员薪酬水平、职务待遇、职务消费、业务消费。”

2015 年 9 月 13 日，《中共中央国务院关于深化国有企业改革的指导意见》也明确提出："建立国有企业领导人员分类分层管理制度。坚持党管干部原则与董事会依法产生、董事会依法选择经营管理着、经营管理者依法行使用人权相结合……根据不同企业类别和层级，实行选任制、委任制、聘任制等不同选人用人方式。推行职业经理人制度，实行内部培养和外部引进相结合，畅通现有经营管理者与职业经理人身份转换通道，董事会按市场化方式选聘和管理职业经理人，合理增加市场化选聘比例，加快建立退出机制。推行企业经理层成员任期制和契约化管理，明确责任、权利、义务，严格任期管理和目标考核。"

2018 年 5 月 12 日，习近平总书记主持召开中央全面深化改革委员会第二次会议。会议指出，加强中央企业领导人员管理，要坚持党管干部原则，坚持发挥市场机制作用，坚持德才兼备、以德为先，坚持严管和厚爱结合、激励和约束并重，完善适应中国特色现代国有企业制度要求和市场竞争需要的选人用人机制，建设对党忠诚、勇于创新、治企有方、兴企有为、清正廉洁的中央企业领导人员队伍。

为了深入贯彻落实党中央、国务院关于国有企业干部制度改革的决策部署，切实加快国有企业的干部制度改革，国务院国有企业改革领导小组办公室于 2020 年 1 月 22 日发布了《"双百企业"推行经理层成员任期制和契约化管理操作指引》《"双百企业"推行职业经理人制度操作指引》。其主要精神是：推行经理层成员任期制和契约化管理，大力推行职业经理人制度。

六、国有企业推行经理层成员任期制和契约化管理操作要点

1. 基本概念、范围和职责

经理层成员任期制和契约化管理，是指对公司经理层成员实行的，以固定任期和契约关系为基础，根据合同或协议约定开展年度和任期考核，并根据考核结果兑现薪酬和实施聘任（或解聘）的管理方式。

范围一般包括公司总经理（总裁、行长等）、副总经理（副总裁、副行长

等)、财务负责人和公司章程规定的其他高级管理人员。

公司的控股股东及其党组织对公司推行经理层成员任期制和契约化管理工作发挥领导和把关作用。

公司党委负责研究讨论相关工作方案和考核结果应用等重大事项。

公司董事会负责组织制定相关工作方案、履行决策审批程序、与经理层成员签订契约、开展考核、兑现薪酬、聘任（或解聘）等。

2. 基本操作流程

公司推行经理层成员任期制和契约化管理，一般应履行以下基本操作流程：

（1）制定方案。公司应结合实际制定工作方案，方案一般包括以下内容：企业基本情况、背景和目的、任期制管理的主要举措、契约化管理的主要举措、监督管理的主要举措、组织保障和进度安排等。

（2）履行决策审批程序。方案制定后，公司应按照“三重一大”决策机制，根据公司章程或控股股东及其党组织有关要求，履行相关决策审批程序。

（3）签订契约。公司董事会（或控股股东）与经理层成员签订岗位聘任协议和经营业绩责任书（年度和任期），依法依规建立契约关系，明确任期期限、岗位职责、权利义务、业绩目标、薪酬待遇、退出规定、责任追究等内容。

（4）开展考核。严格按照契约约定开展年度和任期经营业绩考核，强化刚性考核。

（5）结果应用。依据年度和任期经营业绩考核结果，结合综合评价结果等确定薪酬、决定聘任（或解聘），强化刚性兑现。

3. 任期制管理相关环节操作要点

（1）任期管理。经理层成员的任期期限由董事会（或控股股东）确定，一般为两到三年，可以根据实际情况适当延长。经理层成员任期期满后，应重新履行聘任程序并签订岗位聘任协议。未能续聘的，自然免职（解聘），如有党组织职务，原则上应一并免去。

（2）明确权责。公司应明确经理层成员的岗位职责及工作分工，合理划分权责界面。可以采用岗位说明书等方式，明确经理层成员的岗位职责和任职资格；也可以采用权责清单等方式，规范董事会（或控股股东）与经理层、总经理与其他经理层成员之间的权责关系。

4. 契约化管理相关环节操作要点

（1）契约签订。① 经营业绩责任书。根据岗位聘任协议，签订年度和任期经营业绩责任书。经营业绩责任书一般包括以下内容：双方基本信息；考核内容及指标；考核指标的目标值、确定方法及计分规则；考核实施与奖惩；其他需要约定的事项。② 考核内容及指标。根据岗位职责和工作分工，按照定量与定性相结合、以定量为主的导向，确定每位经理层成员的考核内容及指标。年度和任期经营业绩考核内容及指标应适当区分、有效衔接。③ 考核指标的目标值。目标值应科学合理、具有一定挑战性，一般根据企业发展战略、经营预算、历史数据、行业对标情况等设置。④ 签约程序。公司董事会授权董事长与总经理签订年度和任期经营业绩责任书。董事会可以授权总经理与其他经理层成员签订年度和任期经营业绩责任书。

（2）考核实施。年度经营业绩考核以年度为周期进行考核，一般在当年年末或次年年初进行。任期经营业绩考核一般结合任期届满当年年度考核一并进行。考核期末，董事会（或控股股东）依据经审计的财务决算数据等，对经理层成员考核内容及指标的完成情况进行考核，形成考核与奖惩意见，并反馈给经理层成员。经理层成员对考核与奖惩意见有异议的，可及时向董事会（或控股股东）反映。最终确认的考核结果可以在一定范围内公开。

（3）薪酬管理。① 薪酬结构。经理层成员薪酬结构一般包括基本年薪、绩效年薪、任期激励等。基本年薪是年度基本收入，按月固定发放；绩效年薪是与年度经营业绩考核结果挂钩的浮动收入，原则上占年度薪酬（基本年薪与绩效年薪之和）的比例不低于60%；任期激励是与任期经营业绩考核结果挂钩的收入。企业可以探索超额利润分享、虚拟股权、跟投等中长期激励方式，不断丰富完善经理层成员的薪酬结构。② 薪酬兑现。企业应根据经营业绩考核结果，合理拉开经理层成员薪酬差距。年度考核不合格的，扣减全部绩效年薪。企业可根据有关规定建立薪酬追索扣回制度，在岗位聘任协议中予以明确并严格执行。

（4）退出管理。① 退出条件。企业应加强对经理层成员任期内的考核和管理，经考核认定不适宜继续任职的，中止任期、免去现职。一般包括以下情形：年度经营业绩考核结果未达到完成底线（如百分制低于 70 分），或年度经营业绩考核主要指标未达到完成底线（如完成率低于 70%）的；连续两年年度经营业绩考核结果为不合格或任期经营业绩考核结果为不合格的；任期综合考核评价不称职，或者在年度综合考核评价中总经理得分连续两年靠后、其他经理层成员连续两年排名末位，经分析研判确属不胜任或者不适宜担任现职的；对违规经营投资造成国有资产损失负有责任的；因其他原因，董事会（或控股股东及其党组织）认为不适合在该岗位继续工作的。② 退出方式。对不胜任或不适宜担任现职的经理层成员，不得以任期未满为由继续留任，应当及时解聘。

5. 监督管理相关环节操作要点

（1）严格任期。任期期限、最多连任届数等一经确定，不得随意延长。

（2）履职监督。企业应建立健全对推行任期制和契约化管理的经理层成员的监督体系，公司党组织、董事会、监事会等治理主体，以及纪检监察、巡视、审计等部门根据职能分工，做好履职监督工作。坚持以预防和事前监督为主，建立健全提醒、诫勉、函询等制度办法，及早发现和纠正其不良行为倾向。

（3）责任追究。经理层成员在聘任期间应当维护企业国有资产安全、防止国有资产流失，不得侵吞、贪污、输送、挥霍国有资产。经理层成员违反规定，未履行或未正确履行职责，在经营投资中造成国有资产损失或其他严重不良后果的，严肃追究责任。

总的来看，国务院国有企业改革领导小组办公室发布的《“双百企业”推行经理层成员任期制和契约化管理操作指引》具有很强的可操作性，内容规定比较完备、翔实、具体，程序比较严谨、规范、科学，对经理层成员的要求也比较高，不仅可以作为“双百企业”推行经理层成员任期制和契约化管理的操作指引，同样也可以作为其他各级各类国有企业推行经理层成员任期制和契约化管理的重要操作指引参考。

七、国有企业推行职业经理人制度操作要点

1. 基本概念、范围和职责

就“双百企业”而言，职业经理人是指按照“市场化选聘、契约化管理、差异化薪酬、市场化退出”原则选聘和管理的，在充分授权范围内依靠专业的管理知识、技能和经验，实现企业经营目标的高级管理人员。

范围一般包括“双百企业”的总经理（总裁、行长等）、副总经理（副总裁、副行长等）、财务负责人和按照公司章程规定的高级管理人员。对于确定推行职业经理人制度的“双百企业”，原则上应当在高级管理人员中全面推行。

公司的控股股东及其党组织对公司推行职业经理人制度工作发挥领导和把关作用，负责对相关工作方案，特别是在确定标准、规范程序、参与考察、推荐人选等方面把关。

公司董事会依法选聘和管理职业经理人，负责组织制定相关工作方案和管理制度、履行决策审批程序、组织开展选聘、参与考察、决定聘任或解聘、开展考核、兑现薪酬等。

公司党委会同董事会制定相关工作方案和管理制度并组织人选推荐、测试、考察等工作，集体研究后向董事会提出意见建议。

2. 基本操作流程

推行职业经理人制度是个相对比较复杂的问题，应积极稳妥，应支持鼓励同时具备以下条件的“双百企业”，加快推行职业经理人制度。

主业处于充分竞争行业和领域，或者主要从事新产业、新业态、新商业模式；人力资源市场化程度较高；建立了权责对等、运转协调、有效制衡的决策执

行监督机制；董事会重大决策、选人用人、薪酬分配等职权依法得到有效落实。

“双百企业”推行职业经理人制度，一般应履行以下基本操作流程：

（1）制定方案。方案一般包括以下内容：企业基本情况、背景和目的、岗位职责、任职条件、选聘方式、选聘程序、薪酬标准、业绩目标、考核规定、退出规定、组织保障和进度安排等。

（2）履行决策审批程序。方案制定后，公司应按照“三重一大”决策机制，根据公司章程或控股股东及其党组织有关要求，履行相关决策审批程序。

（3）市场化选聘。一般包括制定招聘方案、发布招聘公告、报名及资格审查、实施综合考评、组织考察或背景调查、作出聘任决定等。

（4）签订契约。公司与职业经理人签订劳动合同、聘任合同、经营业绩责任书等，以契约方式明确聘任岗位、聘任期限、任务目标、权利义务、业绩考核评价、薪酬标准、履职待遇及福利、奖惩措施、续聘和解聘条件、保密要求、违约责任等。

（5）开展考核。严格按照契约约定开展年度和任期经营业绩考核，强化刚性考核。

（6）结果应用。依据年度和任期经营业绩考核结果等确定薪酬、决定聘任（或解聘），强化刚性兑现。

3. 市场化选聘相关环节操作要点

公司职业经理人可以采取竞聘上岗、公开招聘、委托推荐等方式产生。

（1）选聘标准。坚持业绩导向、市场导向。人选应具有良好的职业道德、职业操守、职业信用，具有过硬的专业素质和治企能力，熟悉企业经营管理工作，以往经营业绩突出，在所处行业或相关专业领域有一定影响力和认可度。

（2）人选来源。坚持五湖四海、任人唯贤。一般包括本公司内部人员、股东推荐人员、社会参与人员、人才中介机构推荐人员等，不受公司内外、级别高低、资历深浅限制。

（3）选聘程序。坚持公平公正、竞争择优。一般包括制定招聘方案、发布招聘公告、报名及资格审查、实施综合考评（测评、面试评估等）、组织考察或背景调查、作出聘任决定。本公司内部人员参与竞聘职业经理人的，个人应当先行提出申请，承诺竞聘成功后放弃原有身份、解除（终止）聘任关系后不得要求恢复原有身份，并遵守职业经理人管理的相关规定。符合条件的职业经理人，可以按照有关规定进入公司党组织领导班子。

4. 契约化管理相关环节操作要点

（1）契约签订。① 职业经理人实行聘任制。职业经理人聘任期限由董事会决定，原则上不超过三年，可以根据实际情况适当延长。董事会可以依法对职业经理人设置试用期。② 契约实现形式。公司应与职业经理人签订劳动合同、聘任合同和经营业绩责任书（年度和任期）。公司与职业经理人依法签订劳动合同。本公司内部人员选聘为职业经理人的，一般应重新签订劳动合同。董事会授权董事长与职业经理人签订聘任合同，聘任期限原则上应与劳动合同期限保持一致。根据聘任合同，董事会授权董事长与总经理签订年度和任期经营业绩责任书，董事会可以授权总经理与其他职业经理人签订年度和任期经营业绩责任书。经营业绩责任书一般包括以下内容：双方基本信息，考核内容及指标，考核指标目标值、确定方法及计分规则，考核实施与奖惩及其他需要约定的事项。③ 考核内容及指标。董事会对职业经理人实施年度和任期考核，考核以经营业绩考核指标为主，根据岗位职责和工作分工，确定每位职业经理人的考核内容及指标，年度和任期经营业绩考核内容及指标应适当区分、有效衔接。董事会可以结合实际对职业经理人进行试用期考核和任期考核。④ 考核指标的目标值。考核指标目标值设定应当具有较强的挑战性，力争跑赢市场、优于同行。考核指标目标值应当结合本企业历史业绩、同行业可比企业业绩情况等综合确定。

（2）考核实施。年度经营业绩考核以年度为周期进行考核，一般在当年年末或次年年初进行。任期经营业绩考核一般结合聘任期限届满当年年度考核一并进行。考核期末，董事会依据经审计的企业财务决算数据等，对职业经理人考核内容及指标的完成情况进行考核，形成考核与奖惩意见，并反馈给职业经理人。

职业经理人对考核与奖惩意见有异议的，可及时向董事会反映。

5. 差异化薪酬相关环节操作要点

（1）薪酬结构。职业经理人薪酬结构可以包括基本年薪、绩效年薪、任期激励，也可以实施各种方式的中长期激励，具体由董事会与职业经理人协商确定。基本年薪是职业经理人的年度基本收入；绩效年薪是与职业经理人年度经营业绩考核结果相挂钩的浮动收入，原则上占年度薪酬（基本年薪与绩效年薪之和）的比例不低于60%；任期激励是与职业经理人任期经营业绩考核结果挂钩的收入。公司可以探索员工持股、超额利润分享、虚拟股权、跟投等中长期激励方式，不断丰富完善职业经理人的薪酬结构。职业经理人履职待遇及福利，由董事会与职业经理人协商确定。

（2）薪酬水平。职业经理人薪酬总水平应当按照"业绩与薪酬双对标"原则，根据行业特点、企业发展战略目标、经营业绩、市场同类可比人员薪酬水平等因素，由董事会与职业经理人协商确定。

（3）薪酬支付。基本年薪按月支付。绩效年薪、任期激励先考核后兑现，可结合企业实际情况延期支付。中长期激励收入在董事会与职业经理人签订的聘任合同约定的锁定期到期后支付或行权。解除（终止）聘用和劳动关系后（聘期届满考核合格但不再续聘的除外），原则上不得兑现当年绩效年薪、任期激励和其他中长期激励收入。

（4）实行薪酬追索扣回制度。公司应根据有关规定建立薪酬追索扣回制度，并在聘任合同中予以明确。

6. 市场化退出相关环节操作要点

（1）退出条件。公司应建立职业经理人市场化退出机制，依据职业经理人聘任合同约定和经营业绩考核结果等，出现以下情形的，应解除或终止聘任关系。

考核不达标的，比如：年度经营业绩考核结果未达到完成底线（如百分制低于70分）；年度经营业绩考核主要指标未达到完成底线（如完成率低于70%）；

聘任期限内累计两个年度经营业绩考核结果为不合格；任期经营业绩考核结果为不合格。

对于开展任期综合考核评价的，评价结果为不称职的；

因严重违纪违法、严重违反企业管理制度被追究相关责任的；

聘任期间对公司重大决策失误、重大资产损失、重大安全事故等负有重要领导责任的，或对违规经营投资造成国有资产损失负有责任的；

因健康原因无法正常履行工作职责的；

聘期未满但双方协商一致解除聘任合同或者聘期届满不再续聘的；

试用期内或试用期满，经试用发现或试用考核结果不适宜聘任的情形；

董事会认定不适宜继续聘任的其他情形。

（2）辞职规定。职业经理人因个人原因辞职的，应依据《中华人民共和国劳动合同法》和签订的聘任合同有关条款，提前 30 日提出辞职申请。未经批准擅自离职、给公司造成损失的，依法依规追究其相应责任。

（3）退出规定。公司在职业经理人解除（终止）聘任关系的同时，如有党组织职务应当一并免去，并依法解除（终止）劳动关系。

7. 监督管理相关环节操作要点

包括组织人事关系管理；出国（境）管理；培养发展；保密管理；履职监督；责任追究等。职业经理人在聘任期间应当维护公司国有资产安全、防止国有资产流失，不得侵吞、贪污、输送、挥霍国有资产。职业经理人违反规定，未履行或未正确履行职责，在经营投资中造成国有资产损失或其他严重不良后果的，严肃追究责任。

国务院国有企业改革领导小组办公室发布的《“双百企业”推行职业经理人制度操作指引》可操作性强，内容规定比较完备、翔实、具体，程序比较严谨、规范、科学，对职业经理人的要求也比较高，不仅可以作为“双百企业”推行职业经理人制度的操作指引，同样也可以作为其他各级各类国有企业推行职业经理人制度的重要操作指引参考。

八、国有企业劳动人事制度改革

国有企业劳动人事制度改革的核心是推行市场化管理，整体提升企业劳动人事制度的市场化水平。

1. 大力推行市场化用工机制

国有企业要打破员工“大锅饭”“终身制”，坚持“市场化”“职业化”“专业化”的用人导向和用人机制，逐步加大市场化用工比重和力度，真正做到能进能出、职位能上能下、工资能增能减。新进员工原则上应实行市场化用工机制。应鼓励国有企业自主招聘，采用灵活、高效、经济、市场化的用工方式。

2. 坚持精干高效原则

国有企业用工和干部配备都应做到结构优化，精干高效，素质优良，人岗匹配，人尽其才。要坚决克服机构臃肿、人浮于事、效率低下的现象。

3. 坚持分层分权管理原则

每个国有企业及其内部子公司的情况千差万别，加之企业经营与市场情况千变万化，因此，劳动人事制度不宜“一刀切”。应统分结合，效率至上，实行分层分权管理，建立充满弹性、富有生机、具有企业自主性、符合各个企业生产经营特点和要求的具有市场竞争力的劳动人事管理制度。

4. 坚持岗变薪变原则

坚持按岗位价值定薪、岗变薪变原则。在国有企业内部，员工应按照所任职的岗位职级对应的宽带薪酬定薪，不得超越职级定薪。

5. 严格控制人工成本

从集团总部到下属子公司都应加强人工成本监测预警，建立全口径人工成本预算管理制度，严格控制人工成本不合理增长，不断提高人工成本投入产出效率。

九、妥善处理推进国有企业改革过程中的员工安置问题

1. 对相关人员进行再就业安排与指导

（1）对留用员工重新选聘上岗，重新签订劳动合同，择优录用。

（2）对未被录用的富余人员，分流到辅助部门或另行成立配套子公司予以解决安置，并进行新岗位的专业培训。

（3）对仍不能或无法安置的少量人员，分门别类地进行定向性、专业性、选择性培训。定向性培训是指为新增岗位提供实用人才，如安全生产监察服务的培训、特种设备监察服务培训等；专业性培训是指为发展型企业、转制型企业提供紧缺人才的培训，如数控机床中、高级工等；选择性培训是根据市场需求，提升个人创业能力的培训，如美容、美发等。

（4）积极与社会各方洽谈接触。寻找能安排职工分流的行业和项目，比如安全协助员项目，市容协管员项目、市场协管员项目、特种设备安全协管员项目、社区协管员项目等。

2. 明确各级政府和部门间的管理职责与权限

（1）在管理体制方面，社会保障基本原则、制度框架、责任及管理主体等由国家统一立法规范，形成中央政府和地方政府分工负责的管理格局。

（2）部门间的职责划分方面，由社会保障主管部门负责各项政策、标准的制定和监督的执行；社会保险经办机构负责个人账户管理、统筹基金的核算调度事务；财政部门管理统筹社会资金财政专户，筹集并拨付社会保障的预算补助资金，对社会保障基金进行财务监督；国家社会保障基金理事会负责筹集、管理、运营社会保障资金，根据财政部、劳动和社会保障部、民政部的要求拨付对困难地区的补助资金。

3. 统一规制企业兼并过程中出现的职工安置问题

通过制订专门法律，将职工安置中涉及的各种问题制订统一规则，明确各利益主体的权利义务，依法保障各方合法权益。特别是对那些40岁以上又不到退休年龄，无技术、无专业技能的中老年职工可采取提前退休、离职的政策，以“工龄买断”或是将部分人员纳入低保体系的方式保障他们的基本生活。

4. 建立公平与效率兼顾的保障体系

（1）完善失业保障制度。① 国家应扩大失业保险筹资渠道，逐步扩大失业保险覆盖面，提高失业保险待遇水平，同时逐步建立起个人账户，实现失业保险的社会统筹和个人账户相结合，进一步地增强失业保险的功能。② 严格制定失业保险金的发放标准，将失业保险金的发放与职工贡献大小等因素结合起来，鼓励被剥离的富余人员积极再就业，加大对职业培训和促进就业方面的投入。③ 建立失业援助制度，针对许多生活困难的失业者和富余人员，国家就业部门应积极帮助他们寻找工作，免费提供求职培训和各种服务，确保其顺利实现再就业。

（2）完善社会保障体系。① 调整和完善国有企业职工基本养老保险制度。要基本建立起适应社会主义市场经济体制要求，做到资金来源多渠道、保障方式多层次、社会统筹与个人账户相结合、权利与义务相对应、管理服务社会化的养老保险体系。② 扩大社会保障覆盖面。依照社会保障大数法则的理论，扩大社会保障覆盖面，及时把外商投资企业、新兴产业、民营科技企业这些职工年龄较轻、经济效益较好的企业全面纳入交费范围，扩大费基。③ 推动国有企业失业人员基本生活保障向失业保险并轨。

5. 多渠道筹集职工安置分流所需资金

鼓励非公有制企业参与国有企业的改制，将民间资本中置换成国有企业存量资产的货币用于安置职工；设立省属国有企业改革专项资金；在改制过程中要积极进行土地开发、加速物业以及闲置设备等资产的出售；从现有的社会保障资金中移出一部分用于安置职工；从政府财政预算中预留一部分用于安置职工；此外对不急于支付的职工安置资金可实行提留挂账，由改制后的企业进行消化。

第十一章　推进国有企业的国有资产监管体系改革

十八大以来，我国国有企业的资产监管工作取得了积极进展和明显成效。党中央、国务院高度重视国资监管工作，党的十九届四中全会明确提出要形成以管资本为主的国有资产监管体制。习近平总书记也多次强调要以管资本为主加强国有资产监管。为统筹加强国有资产监督，要求：① 进一步推动监管机构职能转变；② 进一步提升监管机构的监管能力；③ 建立专业和委托相结合的监管模式；④ 不断推动国有企业监管法律法规的完善；⑤ 加强审计的有效衔接、提升监督合力，切实防止国有资产流失；⑥ 加强道德约束以防范道德风险；⑦ 加强监事会建设；⑧ 实现监管信息化。

一、以管资本为主推进国有资产监管机构职能转变

1. 转变监管理念

（1）着力树立以管资本为主新理念。各级国资委对国有企业的管理应从直接的管资产为主转向以管资本为主，从微观的、具体的资产管理转向基于资本与产权的新型管理模式，提高国有资本运营效率与效益，提高国有资本的流动性。这是一个重大的监管理念创新和监管重点转变。

（2）着力树立提升国有资本安全性新理念。① 提升国有资产保值增值能力；

② 防止国有资产出现流失问题；③ 以国有企业为支柱确保国家重大经济安全。

（3）着力树立提高国有企业“三种能力”新理念：① 着力提升国有企业的内部经营能力；② 着力提升国有企业应对各种复杂情况的决策能力和抗风险能力；③ 着力提升国有企业的市场竞争力，提升企业赢利能力。

2. 集中精力履行好管资本重点职能

各级国资委要集中精力履行好管资本重点职能，管好国有资本布局、规范资本运作、提高资本回报、维护资本安全，更多关注国有资本整体的功能和效率。可以从以下三个方面着力：① 调整完善权力和责任清单，逐步实现国资委系统清单范围、原则、事项基本一致。② 坚持放活与管好相统一，加大授权放权力度，加强事中事后监管，构建与管资本相适应的国有资本授权经营体制。③ 改进监管方式，注重依托资本纽带，通过法人治理结构，更好体现出资人意志。

3. 完善构建国资监管大格局的工作机制

健全国资监管工作体系、完善工作机制，可以从以下四个方面着力：

（1）完善组织领导机制。各级国资委要加强组织领导，把指导监督工作摆在更突出、更重要的位置，成立专门领导小组，明确分管负责同志和承担综合归口职责的机构，形成职责明确、分工负责、有效统筹的指导监督工作组织体系。

（2）强化指导协调机制。具体而言：① 各级国资委承担综合归口职责的部门要统筹组织年度指导监督计划的拟定和实施，推动改革发展任务的研究落实，畅通日常事务联系渠道，定期组织本地区研讨培训。② 其他业务部门要通过召开会议、组织培训等多种形式，切实加强对法治建设、规划发展、产权管理、财务监管、考核分配、改革重组、资本运作、董事会建设、监督追责、科技创新、党的建设等工作的专项指导。

（3）健全监督检查机制。具体而言：① 上级国资委要重点监督下级政府国资监管工作是否落实党中央路线方针政策、是否遵守法律法规和国资监管规章制度。② 下级国资委要落实重大事项报告制度，及时报告机构设置、职责定位、监管范围是否发生重大变动，以及本地区国有资产总量、结构、变动及所出资企业有关财务情况。③ 各级国资委要探索开展规范性文件备案，适时开展省、市国资监管法治机构建设示范创建活动，推动全国国资监管制度统一。

（4）优化沟通交流机制。具体而言：① 统筹系统力量开展国资国企重大理论和实践问题攻坚，及时总结、推广和宣传国企改革、国资监管典型经验。② 各级国资委要加强交流，建立常态化交流机制，互相学习、补齐短板，加快形成指导监督有效、相互支持有力、沟通协调有方、共同发展有序的工作机制，凝聚国资监管事业蓬勃发展的系统合力。

4. 着力构建四大国有资本监管体系

四大国有资本监管体系，即国有资本战略布局决策参谋体系、国有资本项目投资评估体系、国有资本价值创造考评体系、国有资本风险防控体系。具体而言：① 决策参谋体系体现了对国企决策过程的监管。② 投资评估体系体现了对国企投资项目决策的监管。③ 价值创造体系体现了对国企价值增值能力的考评。④ 资本风险防控体系体现的则是对国企抗风险能力的考验。这四个体系相互联系、密不可分，共同构建了国有资本监管体系。

5. 明确职能以杜绝缺位、越位、错位现象

国有资产监管机构要明确职能以杜绝缺位、越位、错位现象。换言之，国有资产监管机构要准确把握依法履行出资人职责的定位，科学界定国有资产出资人监管的边界，建立监管权力清单和责任清单，实现以管企业为主向以管资本为主的转变。① 不该管的要依法放权、决不越位，依法将应由企业自主经营决策的事项归位于企业，将延伸到子企业的管理事项原则上归位于一级企业，将配合承担的公共管理职能归位于相关政府部门和单位。② 着力创新监管方式和手段，改变行政化的管理方式，改进考核体系和办法，以提高监管的

科学性、有效性。

二、以管资本为主提升监管部门监管能力

1. 大力推进依法监管

依法监管对“管人、管事、管资本”提出了具体要求。具体而言：① 依法“管人”，就是要推动实行国有产权首席代表报告制度，以事前报告、事中监控、事后监督和年度评价为主加强对企业党委会、董事长、董事会和经理班子履职行为的规范与制衡。② 依法“管事”，就是要贯彻落实重大事项报告制度，不该管的事项坚决不管，以实现对国企的依法、合规监管。③ 依法“管资本”，就是要改进监管方式，注重依托资本纽带，通过法人治理结构，更好体现出资人意志。总的来看，“管人、管事、管资本”重点在“管资本”，“管人、管事”是为了更好实现“管资本”。

2. 推进国有资本合理流动优化配置

具体而言：① 坚持以市场为导向、企业为主体，有进有退、有所为有所不为，优化国有资本布局结构，增强国有经济整体功能和效率。进一步看，可以做到“三个集中”，即：推动国有资本向关系国家安全、国民经济命脉和国计民生的重要行业和关键领域、重点基础设施集中，向前瞻性战略性产业集中，向具有核心竞争力的优势企业集中。② 紧紧围绕服务国家战略，落实国家产业政策和重点产业布局调整总体要求，优化国有资本重点投资方向和领域。进一步看，可以在“双百行动”和“区域性国资国企综合改革试验”的大背景之下，探索在地方国有企业开展创建世界一流示范企业工作，推动有关企业解放思想、勇于创新，切实发挥示范带动作用。

3. 加强各管理机构之间的协调

具体而言，应理顺各管理机构之间的管理范围，例如：① 国资委应按照各

项监管制度的要求，以与资本相关的章程、考核、薪酬、产权监管为主要内容，以企业国有资产为主要对象，对国家出资企业实施监管。② 财政部门要按照国有企业经营预算和财政管理制度对国有资本收益的收缴、使用进行管理。③ 各管理机构之间探索建立重大问题监管约谈、综合会诊和年度综合会商机制，积极应对企业各种风险和突出问题，共同会商企业重大事项。

三、建立专业和委托相结合的监管模式

1. 建立专业化监管模式

（1）国务院国资委要统筹建设全国性国资国企在线监管系统。具体而言：① 国务院国资委要统一国资监管数据标准，发布国资国企在线监管系统接口规范，建立健全国资监管数据管理制度。② 各地国资委加快本地在线监管系统建设，重点做好“三重一大”决策运行、大额资金支出动态监测、财务、产权、投资、责任追究等应用建设，以促进形成上下联动的信息化监管格局。

（2）充分发挥各级国资委专业化监管优势。具体而言：① 改组组建国有资本投资、运营公司，并将其作为国有资本市场化运作的专业监管平台，依法自主开展国有资本运作，对所出资企业行使股东职责，按照责权对应原则切实承担起国有资产保值增值责任。② 加强对国企中存在的违规及不作为等现象的监管力度，努力促进风清气正、干事创业的国企新氛围的形成，为更好实现国有资产保值增值提供保障。

2. 建立委托监管模式

充分利用委托监管机构参与企业监管工作。具体来看：① 加强与审计、纪检监察、巡视等外部监督力量的有效衔接，提升监督合力，切实防止国有资产流失。② 充分支持审计、评估、招投标、代理、法律、咨询等委托监管机构参与企业改制、国资监管等工作，以构建国有资产监管体系新格局。

总的来看，以管资本为主建立专业和委托相结合的监管模式，这也意味着必

须要构建覆盖全面、规划统一、权责明确、运转高效的国有资产监管体系新格局。

四、促进国有企业监管法律法规的完善

1. 以管资本为主促进国有企业监管法律法规的完善

以管资本为主促进国有企业监管法律法规完善的总体原则是：以责权利统一、管放统一、奖惩统一为原则健全监管法规体系。换言之，这个原则体现了“三个统一”，即：①“责权利统一”，这要求国有企业监管法规的完善必须体现出责任、权力、利益的平衡；②“管放统一”，这要求国有企业监管法规的完善必须体现出强力监管与适度放权相结合的原则；③“奖惩统一”，这要求国有企业监管法规的完善必须体现出奖励机制与惩罚机制的有机结合。

2. 国务院国资委要积极参与有关重点法律、行政法规的修订工作

具体而言：① 国务院国资委要统筹构建全国国有资本规划体系，确保各级规划定位准确、边界清晰、统一衔接、引领有力。② 国务院国资委在制定政策文件时要注重征求地方国资委意见，推动产权管理、财务监管、指导监督等制度要求更多适用于全国国资系统，形成系统完备、科学规范、运行有效、上下贯通的制度体系。

3. 各地国资委要做好顶层设计

具体而言：① 各地国资委要在全面掌握所监管企业国有资产布局结构情况、按照国家区域协调发展战略和产业规划要求、结合本地区国有资产布局情况之下积极出台国资监管地方性法规。② 各地国资委要深化股权、业务等合作，整合国资国企力量，引导国有资本合理布局，实现优势互补、互利共赢。

五、强化审计的监管职能

1. 审计委员会的组成与权限

（1）审计委员会的组成：审计委员会是公司董事会下设的专门委员会，主要负责公司内外部审计的沟通、监督和核查工作，应主要由非执行董事组成，且至少应有一名外部独立董事具备适当专业资格，或具备适当的会计或相关的财务管理专长；审计委员会委员应由公司董事长或者公司全体董事的三分之一以上提名，由公司董事会选举，报公司党委会批准产生；审计委员会可设主任委员一名，由审计委员会委员选举产生，由外部独立董事委员担任并主持委员会工作。

（2）审计委员会的职责权限：① 监督与评估公司内部控制，审核公司的管理规章制度及其执行情况，检查和评估公司重大经营活动的合规性和有效性；② 审核公司的财务信息，审核公司重大财务政策及其贯彻执行情况，监督财务运营状况，监考财务报告的真实性和管理层实施财务报告程序的有效性；③ 审核会计原则、方法或会计政策的实质性变更；④ 监督和评估内部审计工作，监督内部审计制度及其实施，协调管理层、内部审计部门及相关部门与外部审计机构的沟通；⑤ 审核公司重大关联交易并提出报告；⑥ 评估公司的经营管理情况，并提出改善建议；⑦ 对公司的重大经营方针、政策、发展战略与规划等提出意见和建议；⑧ 法律、法规、规范性文件和公司章程规定的以及公司董事会授权的其他事宜。

2. 促进内部审计的分类协调

（1）以经营为导向强化审计工作。① 规范内部审计机构设置。各企业应依照法人治理结构及经营规模特点，设立专门的内部审计机构。② 加强内部审计队伍建设。各企业应依照企业规模及经营特点，建设一支具有较高素质、作风过硬的审计队伍。③ 完善内部审计制度体系。大力推进内部审计制度化、规范化、标准化、信息化，以提升内部审计对于经营活动的正面作用。④ 明确内部审计职责定位。发挥内部审计对于财务收支、价值增值、科学决策、权力制约的积极作用，以更好提升国企的经营管理水平。⑤ 优选内部审计项目。紧紧围绕国企经营与改革发展中的各种问题，加强各审计项目之间的统筹协调，深度挖掘各审计项目的成果。

（2）以关键问题为导向突出审计重点。对国企内部管理制度的实施情况、投融资、工程建设、产权变动、重大财务异常、重大资产损失及经营与决策风险等开展专项审计。例如，对投后管理、产权变动、高风险投资业务等的审计都是十分必要的。

（3）以结果为导向强化内部审计的整改落实机制。① 健全整改责任制。审计整改工作由内部审计部门负责推动，被审计单位负责整改。② 加强整改督促检查。建立整改督促检查机制，发挥审计威慑与提醒作用，全力推动整改。③ 严肃整改问责。应把审计结果及整改情况作为考核、奖惩的重要依据，对于经审计发现的问题，一经查实，绝不姑息，强化审计的权威性。

（4）以系统思维构建内部审计的协同机制。换言之，就是要构建“大监管”体系：① 通过联席会议、联合检查等方式确保各监督部门的协同互动。② 加强与其他部门的沟通交流，促进其协同互动。

（5）通过制度设计建立内部审计的工作报告制度。具体来说：① 内部审计机构要向党组织、董事会全面汇报企业内部审计工作。② 企业要定时清理问题报告，形成深化国企改革齐抓共管的工作机制与格局。

六、加强道德约束以防范道德风险

根据制度经济学的观点，道德风险指某些类型的产权安排易于导致人们在经济活动中做出损人利己的行为。换言之，道德风险是在信息不对称条件下，不确定或不完全合同使得负有责任的经济行为主体不承担其行动的全部后果，在最大化自身效用的同时，做出不利于他人行动的现象。而在国有企业中，道德风险则主要是指内部管理团队的道德风险，主要包括“不负责与不作为”“以权谋私”，等等。那么如何防范和化解国企中的这些道德风险呢？

1. 建立良好的信用体系

“信，国之宝也，民之所凭也。”① 建立良好的信用体系的直接结果之一就是在一定程度上逐渐减小国企管理团队道德风险发生的空间。而信用体系的建立要依赖于：① 国企在相关意识形态领域的教育力度，这利于更好地纠正“不负责与不作为”“以权谋私”。② 国企对于相关立法制度的遵循，依据制度严厉惩治“不负责与不作为”、打击道德风险违规与犯罪行为。

2. 提高国企内部管理团队的风险意识

（1）着力优化内控体系：国企内部管理团队要推动国企建立健全以风险管理为导向、合规管理监督为重点，严格、规范、全面、有效的内控体系。

（2）强化集团管控：国企内部管理团队要履行好内控体系监管工作第一责任人这个角色，加强重点领域日常管控，积极采取措施强化企业防范化解重大风险全过程的管控。

3. 提升国企内部管理团队的组织认同感和自我道德修炼

可以通过以下途径提升组织认同感，以更好加强道德约束，防范道德风险：

（1）在团队中形成积极向上的工作氛围。通过绩效与薪酬、晋升等制度的改革与重新设计，努力促进团队中形成积极向上的工作氛围。

（2）完善公司制度。通过完善公司各项制度设计，促使其组织认同感提升。

（3）加强自我道德修炼。大力加强廉政廉商教育，形成不想腐的道德自觉。

七、加强监事会建设

目前来看，国有企业的监事会在检查公司财务、监督董事及高管人员等行使职权方面还缺乏力度、缺少刚性、缺失制度设计，导致的直接后果就是国企的大

① 出自明代冯梦龙的《东周列国志》中的第三十八回。

案要案频发。在这样的情况下，监事会监管应更加从严，督促国企改善经营管理，以更好防范和化解其经营风险。

1. 加强以强化风险导向为重点的监事会建设

国有企业应建立健全以风险管理为导向、合规管理监督为重点，严格、规范、全面、有效的监事会制度，以防止风险由“点”扩“面”及系统性风险的产生。

2. 确立国企监事会主席为第一责任人的监事会建设

国有企业应强化监事会主席作为监管工作第一责任人的角色。监事会主席能否在国有企业中有效发挥监督作用，这是对监事会主席绩效考评的主要依据。

3. 加强以健全监督评价体系为核心的监事会建设

国有企业应逐步加强以健全监督指标体系为核心的监事会建设，即：国企监事会应着力打造既符合“风险导向”、又符合“合规管理”的，定性与定量相结合的监督评价体系与标准。具体包含两条标准：① 是否能不断促使各项经营管理决策和执行活动达到可控制、可追溯、可检查；② 是否能有效减少人为违规操纵因素，以更好防范和化解系统性风险。

4. 加强以规范监事会职能为目标的监事会建设

国有企业应对照《公司法》的要求，不断完善监事会建设。依据《公司法》第五十三条之规定，国有企业监事会应依法、有效行使下列职权：

（1）检查公司财务。

（2）监督董事、高级管理人员：① 对违反法律、行政法规、公司章程或者股东会决议的董事、高级管理人员提出罢免的建议；② 当董事、高级管理人员的行为损害公司的利益时，要求董事、高级管理人员予以纠正或者对董事、高级管理人员提起诉讼。

(3) 提议召开临时股东会会议，可以向股东会会议提出提案。

八、以管资本为主实现监管信息化

信息技术的高度发展是21世纪“新基建”的典型代表，也是监管实现数字化、信息化、智慧化的基石。在这样的大背景下，各级国资委与国企内部均可以实现有效的监管信息化，从而统筹加强国有资产基础管理。

1. 加强信息化外部监管

各级国资委应利用信息化技术来健全产权管理工作体系，并抓好产权界定、产权登记、资产评估、国有资产交易流转监管工作，这有利于其最终全面掌握监管国有资产分布状况。

2. 加强信息化内部监管

各个国有企业都应利用信息化技术来加强资产统计、综合评价和经济运行分析，并参照国务院国资委关于财务预决算管理、债务风险管控等方面的要求来完善信息编报制度，以提高其内部的信息化监管工作水平。

总之，推进国有企业的国有资产监管体系改革，应统筹外部监管与内部监管两种有效方式，形成以管资本为主的国有资产监管体制。构建国资监管大格局、形成国资监管与国企内部监管一盘棋，有利于从党和国家事业发展全局的高度，统筹推进国资国企发展改革监管和党的建设，有利于在更大范围、更广领域、更深层次推动国有资本合理流动、优化配置，有利于更好落实以管资本为主加强国有资产监管的要求，为国有企业改革发展提供良好的监管环境。

第十二章　国有企业应当在高新技术产业发展中发挥主导和引领作用

一、高科技的快速发展对国有企业是把双刃剑

21 世纪持续最炙热的词汇可能就是“高科技”，频率最高的词汇也是“高科技”。高科技的快速发展带给人类的深刻改变将可能远远超出我们现有的想象。推动这个时代巨变的最根本动力就是高科技。

那么，高科技的快速发展将对国有企业带来什么呢？高科技的快速发展可能不仅仅带来的是新生，还可能带来的是死亡；不仅仅带来的是机遇，还可能带来的是毁灭；不仅仅改变的是各种产品，还可能改变的是各种产业生态和技术生态；不仅仅改变的是技术本身，还可能改变的是生产方式、营销模式、企业生态、消费者行为、供应链、价值链，是整个社会，甚至是对整个世界的全面、深刻而持久的颠覆。面对快速发展的高科技，可能有人欢喜有人忧，让不少企业和企业家对高科技发展爱恨交加。但无论你是爱还是恨，高科技每天都在那里加速度的向前发展着，任何力量都不可阻挡。

面对快速发展的高科技，我们无所逃遁，只能勇敢面对，热情或者痛苦的拥抱。可以预见，高科技的快速发展将会严重影响甚至摧毁一批传统产业和一批传统企业；将会改造和提升一批传统产业和一大批传统企业；将会催生和再造一批新型产业和一大批新型企业；将会对许多产业和企业持续产生巨大压力与挑战。

高科技的快速发展对国有企业来说将是一把残酷的双刃剑，将给国有企业带来前所未有的挑战与压力。

1. 科技的快速发展让企业的战略决策变得日益困难、复杂而多变

高新技术真的一定能够带来企业的盈利吗？还是技术是效益的陷阱？

科技发展有可能给国有企业发展带来巨大机遇，也有可能给国有企业发展带来巨大压力，关键取决于企业自身的研发团队水平、研发投入强度和研发决策正确与否。所以，面对加速发展的高科技和日益白热化的高新技术产业竞争，国有企业的战略决策将变得越来越复杂，一旦决策失误，就有可能导致薪尽火灭。

2. 科技的快速发展使得企业产品生命周期、企业生命周期更短

产品更新换代越来越快，马太效应将会越来越残酷，赢者通吃现象将会越来越明显。这就使得国有企业产品研发面临巨大压力。对于一些国有企业来说，不创新，只能等死；一旦创新失败，则可能死得更快。这就要求企业持续不断地投入产品研发，持续不断地加强研发团队建设，持续不断地进行知识更新与培训。

3. 科技的快速发展使得企业成本压力剧增

企业在高科技人力资本投入、设备投资、软件开发、实验室建设等方面的成本越来越大，特别是设备投资还可能造成不可避免的浪费，因为设备更新太快。

4. 科技的快速发展使得传统的竞争格局和竞争规律发生深刻改变

在营销的价值焦点上，企业形式上还是围绕着市场进行竞争，但实质上主要是围绕着技术进行竞争，核心技术对企业市场营销的主导性作用在明显增强。

在营销的手段与主体上，将改变传统销售人员主导的以渠道、广告、促销、降价、大众宣传推广为主要内容的营销模式，取而代之的是技术专家主导的以技术和客户核心技术需求为主要内容的技术营销模式。

在国际市场的竞争维度上，将改变单个企业单打独斗的竞争模式，建立起全

产业链的竞争、跨产业链的竞争，甚至是整个国家科技与产业的综合实力的竞争，从而从产品营销学、企业营销学发展为产业链营销学、国家产业营销学。

在客户服务上，企业将改变传统客户服务模式，提供新型的技术型服务模式。

在盈利模式上，企业将不得不改变传统的片面追求大规模标准化生产型规模经济理念，转而主要依靠关键技术的产品定制化实现技术型规模经济。核心技术水平和核心技术主导的系统解决方案将决定企业的市场赢利能力。

5. 科技的快速发展使得企业规模结构格局将发生深刻改变

大、中、小型企业协调发展的企业结构格局将日益让位于围绕行业领导者企业的众多小微型企业的紧密协同配合。小微型企业成长为大企业甚至成长为巨型企业的速度将大大加快。大型、巨型企业在企业结构中的占比将愈来愈低，但影响不会降低，小微型企业的占比将愈来愈高；既不具备综合系统人才、研发、规模优势，又不具备小而新、小而专、小而精、小而活优势的中型企业的生存和发展将面临愈来愈大的竞争压力和两难的市场竞争处境。

6. 科技的快速发展将大大加速催生具有科技含量的小微型企业

小微型企业的诞生和成长速度将更快，部分企业消亡的速度也将更快。在一个科技日新月异的时代，很难保障有基业长青的百年老店，企业创建得快、消亡得也快将成为常态，这将给企业带来巨大的生存和发展压力。“小核企业”（具有独特核心技术的小微企业）将在崇尚技术创新的时代大背景下野蛮地生长，并作为一个群体而焕发出勃勃生机，让人充满无限的想象力，并具有无穷的生命力。

7. 离开了核心技术支撑的商业模式创新将愈来愈成为一个伪命题

近些年来，商业模式创新大行其道，甚嚣尘上。科技创新则因其费钱、费时、费力、费心，甚至还因其投入大、见效慢、收效低而受到一些企业家的内心轻视。不早不晚的一场残酷的贸易战一下子打醒了国人，更打醒了企业家，同时也把所谓的商业模式创新打回了原形。高科技领域国际竞争的残酷现实教训了我们，硬核技术才是一个国家、一个产业、一个企业的根本核心竞争力。商业模式可以创新，但商业模式的创新离不开技术的内核支撑。没有核心技术的内核作用和坚强支撑，任何商业模式的所谓创新都将不堪一击、昙花一现。

8. 科技型企业的低价竞争策略将愈来愈成为一个伪命题

在崇尚规模经济的产业领域，在一些追赶型的新型经济体国家，企业家们往往以牺牲员工的工资福利为代价，或被迫、或主动地采用低价竞争策略。但随着科技的快速发展，年青的知识化消费群体愈来愈崇尚高科技化的消费倾向，追求技术的先进与时尚性是其鲜明的消费特征和审美倾向。面对这样的新型消费主力群体，技术在市场竞争中将愈来愈起主导性的作用，价格因素在消费者购买决策中的影响力将下降，一味实行低价竞争策略的企业将愈来愈失去前途。

此外，有些十分尖端的高科技产品和高新技术，首要的因素是能不能买得到的问题，对方会不会卖给你的问题，自己会不会面临封锁的问题，是对方要不要“卡你脖子”的问题，在这个时候，低价策略在这些领域会基本失效。

9. 企业投资的商业逻辑将聚焦于真正的高新技术

没有技术含量的产业、企业和产品将越来越没有竞争力。受到技术创新的巨大推动，连传统服务业也正在发生深刻变革。大力发展高新技术是我国经济实现高质量发展、实现中华民族伟大复兴、建设社会主义现代化国家、顶住美欧强势打压的唯一准确选择。最近几年，特别是疫情发生以来，产业分化、企业分化的趋势明显加快，真正有技术含量、有核心竞争力的企业发展势头迅猛，而一些没有技术含量、没有核心竞争力的企业越来越举步维艰。谁拥有技术与产品的话语权，谁就拥有企业发展的主动权。

未来的市场竞争将更加依赖于技术竞争，投资逻辑将重点考察核心技术的竞争能力。没有核心技术将不再可能赢得市场。至于投资的规模、投资的优惠政策甚至传统的所谓战略投资者的重要性都将日益下降。科创板的开通、各种投资基金的创设、政府的各种科技创新投入等都将助力高科技企业的迅速发展。高新技术主导型的投资模式和资源配置方式将得到充分发展，市场机制和资本市场将在高科技企业发展中对资源配置真正起到决定性的作用。

10. 企业创新的主体机制将发生深刻改变

面对日新月异的科技和快速变化的市场，创新的主体是教授？企业家？工程师？科学家？还是联合创新？在我国传统的创新体系中，我国重大创新的主体是大学和科研院所。问题是，教授和科研院所的专家们能够快速适应市场而创新吗？很难。那么，什么样的创新组织和创新机制最能够适应市场，最具有创新效率呢？深圳六个“90%”背后的发展动力逻辑给了我们深刻的启示。据媒体报道，深圳90%的创新型企业是本土企业，90%的研发人员在企业，90%的科研投入来源于企业，90%的专利生产于企业，90%的研发机构建在企业，90%以上的重大科技项目发明专利来源于龙头企业。因此，工业和信息化部副部长王志军指出：“解决我国关键核心技术短板问题，关键是要发挥企业的主体作用，引导和鼓励企业创新发展。”“强化企业创新主体地位，支持龙头企业联合高校科研院所组建产学研用联合体，推动体制机制创新，开展核心技术研发攻关。”

11. 碎片化的技术创新与系统集成化的技术创新将共生共存互助

碎片化的技术创新也是一种创新，它与大企业系统集成的创新并不冲突，甚至相互促进。因此，不能以大企业的强势地位而抑制小微企业，甚至个体的碎片化创新活力。政府的政策导向要鼓励二者各自生长，乃至相互融合共创。

12. 众多传统产业和企业在加速发展的高新技术推动下将会重新洗牌

众多的传统产业和企业，面对着种种颠覆性技术的重大突破和快速产业化应用，被逼得要么再造重生，要么衰竭消亡。可以预见，技术的快速发展不会给不思创新的传统产业、传统企业留下太长的脱胎换骨、凤凰涅槃的重生窗口期。这就是新的产业革命所带来的巨大阵痛。

13. 政府的产业政策面对快速发展的高科技将愈来愈失去预期的促进效应

政策的变化往往具有滞后性，企业家对市场和技术的嗅觉可能比官员更敏锐，因此，政府的产业政策将愈来愈难以适应技术变革的速度、广度和深度，也愈来愈难以精准施策，这是由科学与技术的复杂性所决定的。当一项科技的发展趋势成为学界与业界的共识的时候，这个时候的产业政策效用实际上已经大打折扣了，产业政策也基本上失灵了。因此，面对目不暇接的科技革命和新型产业的发展，传统的针对特定行业、特定企业、特定对象的那种产业政策可能要更多地让位于普惠制的税费减免，这样才能建立起更公平的市场竞争环境。

14. 以知识产权为核心的服务贸易广度、深度、规模将得到前所未有的发展

对于技术相对落后的国家和企业来说，传统的贸易主要是产品货物贸易。

对于技术快速发展和赶超的中国企业来说，以技术创新、知识产权、技术服务、人才培养为核心的高端服务贸易的广度、深度、规模将得到前所未有的发展。但同时，技术创新与技术保护、技术创新与成本、技术创新与效益也将对很多企业带来巨大挑战与压力。

二、国有企业要在高新技术产业发展中发挥“主导和引领”作用

高科技的快速发展给国有企业和企业家带来了前所未有的巨大压力和挑战。

国有企业是进还是退？对于很多企业来说，不创新，只有等死；如果创新不成功，或许会死得更快。而一旦准备投入创新，则需要持续投入巨大的人力、财力、精力，而且还不能保证成功。这对于国有企业来说无疑是巨大的压力。

但天下大势是，以“5G、移动互联网+、大数据、区块链、人工智能”等新技术、新产品为代表的第四次工业革命方兴未艾。第四次产业革命千载难逢，高科技的快速发展不可逆转，我们只能顺势而为，乘势而上，绝不可以逆势而动。

党的十八大报告明确提出："科技创新是提高社会生产力和综合国力的战略支撑，必须摆在国家发展全局的核心位置"，并作出了"要坚持走中国特色自主创新道路、实施创新驱动发展战略"的战略部署。

习近平总书记多次强调要发挥国有企业的创新引领作用。

2015 年 8 月 24 日，中共中央、国务院印发《关于深化国有企业改革的指导意见》中也强调："发挥国有企业在实施创新驱动发展战略和制造强国战略中的骨干和表率作用，强化企业在技术创新中的主体地位，重视培养科研人才和高技能人才。"

2016 年 8 月 24 日，习近平总书记在青海考察时希望国有企业带头提高创新能力，努力形成更多更好的创新成果和产品，在创新发展方面发挥更大引领作用。

2016 年 8 月 28 日，习近平总书记对中国航空发动机集团公司成立作出重要指示，强调："希望你们牢记使命、牢记责任，坚持国家利益至上，坚持军民深度融合发展，坚持实施创新驱动战略，大胆创新，锐意改革，脚踏实地，勇攀高峰，加快实现航空发动机及燃气轮机自主研发和制造生产，为把我国建设成为航空强国而不懈奋斗。"

党的十九大报告提出："深化科技体制改革，建立以企业为主体、市场为导向、产学研深度融合的技术创新体系，加强对中小企业创新的支持，促进科技成果转化。"

2018 年 6 月 12 日至 2018 年 6 月 14 日，习近平总书记在山东考察时强调："国有企业特别是中央所属国有企业，一定要加强自主创新能力，研发和掌握更多的国之重器。"

国有企业必须聚焦优势产业、优质企业，做好"高新技术产业投资""高新技术企业投资"这篇大文章。国有企业要深入研判高新技术发展动态，强化高新技术产业投资意识和高新技术企业投资意识，放眼产业技术发展前沿，聚焦高科技产业、高科技企业进行有价值、有效益的投资。

国有企业在国家的地位和其发展高新技术的优势决定了国有企业必须在高新

技术产业的发展中发挥主导和引领作用，并以此增强国有企业的核心竞争力。然而，目前国有企业并没有对我国高新技术产业发展起到“主导和引领”作用，国有企业自主创新能力不足和技术创新效率低下等问题突出。实现国有企业在高新技术产业发展中的“主导和引领”作用应该以国有大型骨干企业为主力军，建立技术创新联盟，发展科学研究型国有企业，完善国有企业孵化器技术开拓平台，引入风险资本，并大力培育科技创新型企业家。

首先，高新技术产业的高技术特征和产业辐射带动作用对我国经济结构转型升级具有战略作用，大力发展高新技术产业是国家战略，国有企业是实现国家战略目标强有力的支撑和保障。其次，国有企业之所以盈利能力不强，除了体制问题，还在于供给结构和技术水平不能满足需求结构。相比低技术含量和低附加值的产品普遍出现生产过剩的情况，在需求结构中占比更大的高技术含量和高附加值的产品却难以得到满足。解决这一供需矛盾，实现国有企业盈利能力提升的突破口就在于产品与服务技术的改造和升级。国有企业必须力争达到“微笑曲线”上游阶段，发展高新技术以提高产品研发能力，从而通过提供高技术产品和服务来完成供给侧的转型升级。最后，国有企业在总体实力、技术基础、人力资本和政策等方面具有优势，可以作为现行投资者主导高新技术产业的发展方向和水平，也可以作为技术引进、研发和外溢中心引领高新技术产业向高端化发展。

三、国有企业在高新技术产业发展中的作用现状分析

1. 国有企业对高新技术产出方面的贡献有限

从国有高新技术企业主要经济指标方面的表现来看，2020 年我国高新技术企业总计 269896 家，其中国有企业总计只有 4673 家，仅占全部高新技术企业数量的 1.73%；国有高新技术企业从业人员总计 266.77 万人，只占全部高新技术产业从业人数的 6.91%；国有高新技术企业营业总收入和工业总产值分别是 53538.18 亿元和 23799.55 亿元，只占高新技术产业总体收入和产值的比重分别

约为 10.28% 和 6.48%（详见下表 12－1）。①

表 12－1　2020 年按注册类型分类的高新技术企业主要经济指标②

企业登记注册类型	入统企业数（个）	年末从业人员（万人）	营业收入（亿元）	工业总产值（亿元）	净利润（亿元）	上缴税费（亿元）	出口总额（亿元）
合计	269896	3858.80	520844.97	367111.57	35149.54	18395.29	54623.59
#国有企业	4673	266.77	53538.18	23799.55	2053.60	1415.39	1800.38
集体企业	244	4.52	690.39	447.00	35.17	18.14	17.67
股份合作企业	674	7.84	787.10	723.64	60.53	35.45	50.74
联营企业	170	2.84	449.36	409.83	19.81	20.66	19.90
有限责任公司	88847	1210.90	176903.62	111629.37	9861.74	5716.63	13012.23
股份有限公司	19315	617.82	88144.92	69725.19	7699.45	3666.54	9812.03
私营企业	139778	1113.51	109937.10	89447.74	6097.10	3757.69	11108.54
港澳台投资企业	6961	335.14	43113.38	30393.48	5470.42	1836.65	8577.19
外商投资公司	7275	263.65	42669.73	37907.48	3490.69	1835.51	9954.22

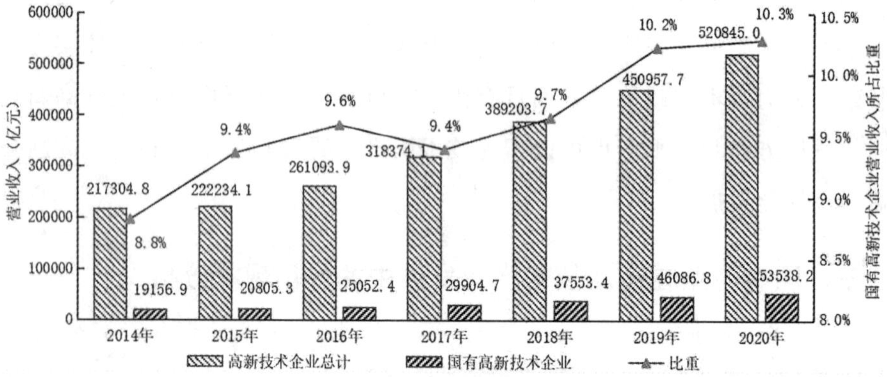

图 12－1　2014—2020 年国有高新技术企业在全部高新技术企业营业收入中比重变化图③

对比表 12－1 与图 12－1 中的各项指标数据，虽然国有高新技术企业营业收

① 数据来源：中国火炬统计年鉴。
② 数据来源：中国火炬统计年鉴。
③ 数据来源：中国火炬统计年鉴。

入整体呈现逐年缓慢递增态势，且国有高新技术企业的营业收入在全部高新技术企业的营业收入中所占比重呈现出波动式上升的发展态势，但总体来看，国有高新技术企业的营业收入在全部高新技术企业的营业收入中所占比重依然较小，国有企业对高新技术产业的产出贡献率有限，国有企业在我国高新技术产业发展中的主导地位没有得到充分体现。

2. 国有企业对我国高新技术产品出口贸易的贡献率不断下降

从图 12－2 中可看出，2016—2020 年间，国有高新技术企业的出口总额虽然在逐年缓慢增长，但其在我国高新技术企业出口总额中的比重由 2016 年的 3.8% 下降到了 2020 年的 3.3%，占比较小的同时呈现波动下降的趋势。相较于国有高新技术企业，私营高新技术企业出口总额增长较快，在我国高新技术企业出口总额中的比重由 2016 年的 16% 增长至 2020 年的 20.3%，占比较大的同时呈现波动上升的趋势。

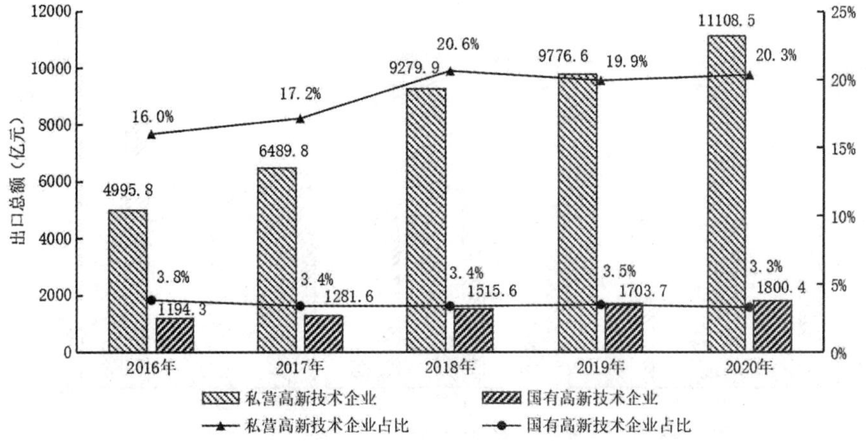

图 12－2　2016—2020 年国有高新技术企业与私营高新技术企业在全部高新技术企业出口总额中比重变化图①

① 数据来源：中国火炬统计年鉴。

我国高新技术企业出口总额一直保持增长态势，但其中国有企业贡献率较小，在我国高新技术产品出口贸易中没有发挥主导和引领作用，其产品的相对技术水平低是导致国有企业高新技术产品的出口份额渐渐被蚕食的关键原因。

3. 国有及国有控股企业技术创新投入不足

（1）R&D 人员投入量在高技术产业投入中的比重呈下降趋势。由图 12－3 可知，在 2011—2020 年间，全国高技术产业 R&D 人员投入量增长较快，而其中国有及国有控股企业的 R&D 人员投入量长期处于小幅波动的相对稳定状态，尤其是在 2015 年后，国有及国有控股企业的 R&D 人员投入量更是呈现下降趋势，与全产业 R&D 人员投入量快速增长形成鲜明对比。这种近似“两极方向”的变化，也造成了国有及国有控股企业高技术产业 R&D 人员投入量相对于全产业投入量占比呈现快速下降的趋势。这说明了人力资本，特别是研发人员没有得到国有及国有控股企业的充分重视，研发人员的流失问题突出。

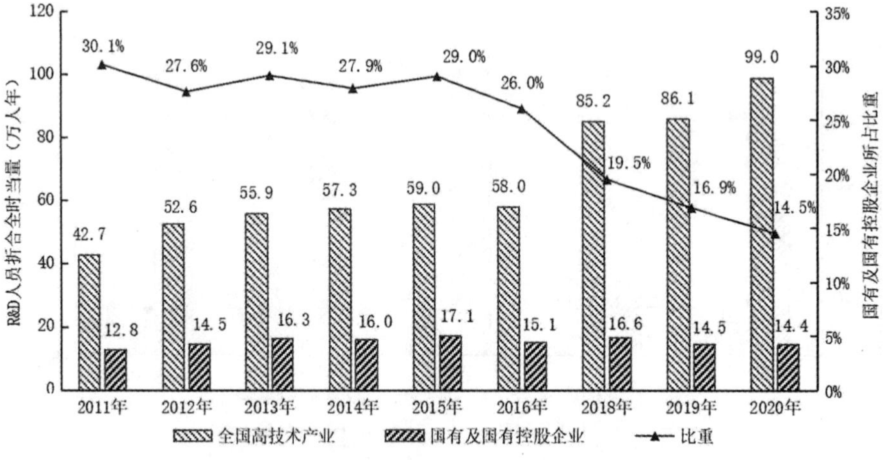

图 12－3 2011—2020 年国有及国有控股企业高技术产业 R&D 人员折合全时当量情况①

① 数据来源：中国高技术产业统计年鉴．其中 2017 年数据官方未公布，2017 年之前高技术企业统计类型为大中型，2017 年后统计口径发生变化，为高技术产业所有企业；本章有其他类似情形均与本情况相同。

（2）R&D 经费内部支出和新产品开发经费支出在整个高技术产业中的比重有所下降，且经费投入的行业分布不合理。由图 12－4、12－5 可知，在 2011—2020 年间，国有及国有控股企业高技术产业 R&D 经费内部支出与新产品开发经费支出均呈现缓慢增长的态势，然而相对于整个高技术产业的支出总额所占比重却迅速下降，下跌幅度接近一半。

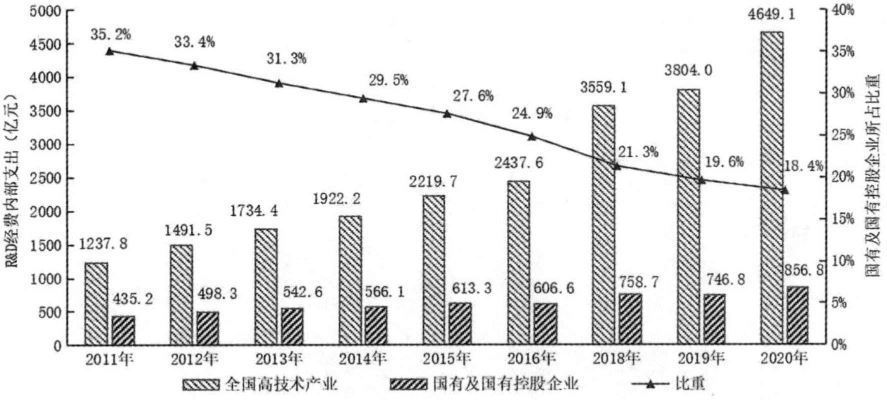

图 12－4　2011—2020 国有及国有控股企业高技术产业 R&D 经费内部支出情况①

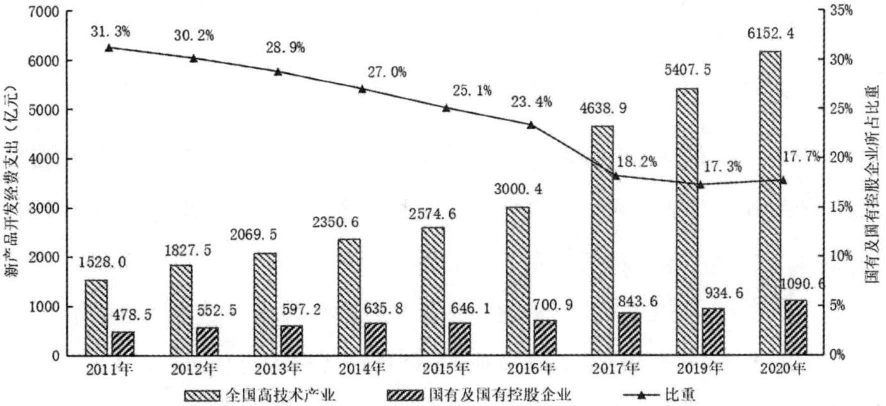

图 12－5　2011—2020 国有及国有控股企业高技术产业新产品开发经费支出情况②

① 数据来源：中国高技术产业统计年鉴。

② 数据来源：中国高技术产业统计年鉴。其中 2018 年本项数据官方未公布，本章有其他类似情形均与本情况相同。

从国有及国有控股企业高技术产业 R&D 经费内部支出的行业分布情况来看，电子及通信设备制造业的 R&D 经费内部支出占比为 57.7%，医药制造业的 R&D 经费占比为 9.4%，计算机及办公设备制造业的 R&D 经费占比为 6.4%，医疗仪器设备及仪器仪表制造业拥有 5.9% 的 R&D 经费投入，信息化学品制造业的 R&D 经费占比则为 0.2%（如图 12－6）。可见，电子及通信设备制造业是国有及国有控股企业在高技术产业内重点发展的领域。

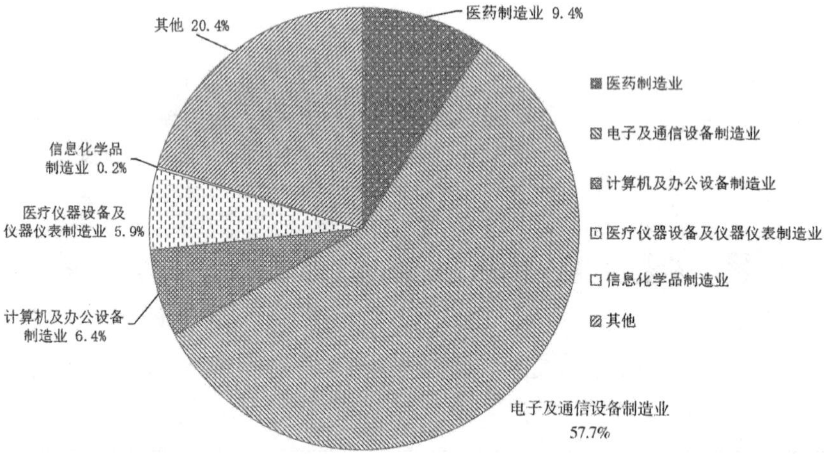

图 12－6　2020 年国有及国有控股企业高技术产业 R&D 经费内部支出的行业分布情况①

总的来说，国有及国有控股企业高技术产业 R&D 人员投入、R&D 经费内部投入和新产品开发经费投入虽然都保持着平稳的上升态势，但是与整个高新技术产业内的情况相比，在人员与经费方面的投入仍存在不足。另外国有及国有控股企业在高新技术产业中的医药制造业、计算机及办公设备制造业、医疗仪器设备及仪器仪表制造业和信息化学品制造业的 R&D 经费投入有待进一步增加。

4. 国有及国有控股企业技术创新产出效率低下

（1）新产品销售收入增长速度远低于整个高技术产业内企业新产品销售收

① 数据来源：中国高技术产业统计年鉴。

入增长速度。如图 12－7 所示，2011—2020 年国有及国有控股企业高技术产业新产品销售收入有一定增长，但增幅相对不大；从国有及国有控股企业高技术产业新产品销售收入占整个高新技术产业新产品销售收入的比例来看，其处于波动下降态势，尤其在 2016—2020 年间下降幅度较大。

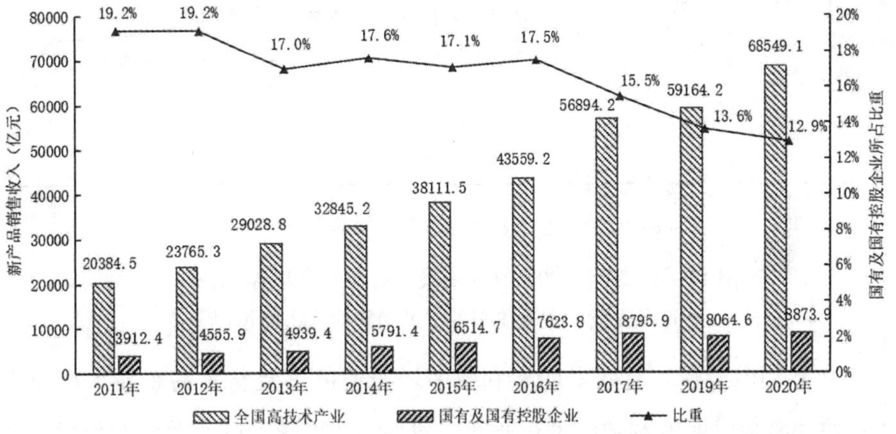

图 12－7　2011—2020 年国有及国有控股企业高技术产业新产品销售收入情况①

再由图 12－8 可看出，国有及国有控股企业对于新产品所投入的开发经费收效甚微。2011—2020 年间，国有及国有控股企业高技术产业新产品开发经费支出与新产品销售收入在整个高技术产业的新产品开发经费支出与新产品销售收入中的比重整体呈下降趋势，且新产品销售收入占比要低于新产品开发经费支出占比；尤其是在 2019—2020 年间，国有及国有控股企业高技术产业新产品开发经费支出占比在增加，而新产品销售收入占比却在减少。由此看来，国有及国有控股企业投入了新产品开发经费，但并没有得到相应的期望产出。新产品销售收入占比的不断下降反映出国有及国有控股企业在高技术产业内的产出水平较低，创新效率低，对于我国高新技术产业产出的贡献率较低。

① 数据来源：中国高技术产业统计年鉴。

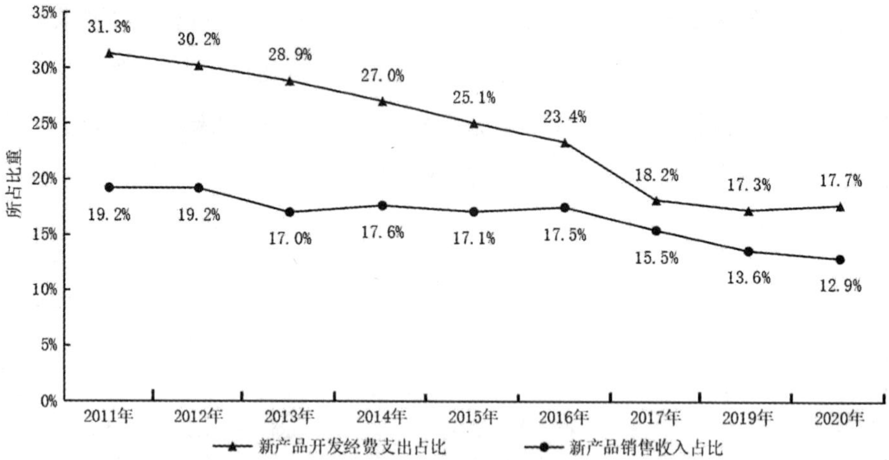

图 12－8　2011—2020 年国有及国有控股企业高技术产业新产品开发经费支出与新产品销售收入占比情况①

（2）专利申请数和有效发明专利数的增长速度不及整个高新技术产业内专利申请数和有效发明专利数的增长速度。图 12－9 表明，国有及国有控股企业高技术产业专利申请总量整体呈现波动上升态势，但增长幅度及增长速度相较于整个高技术产业的专利申请量的整体增长而言略显不足。

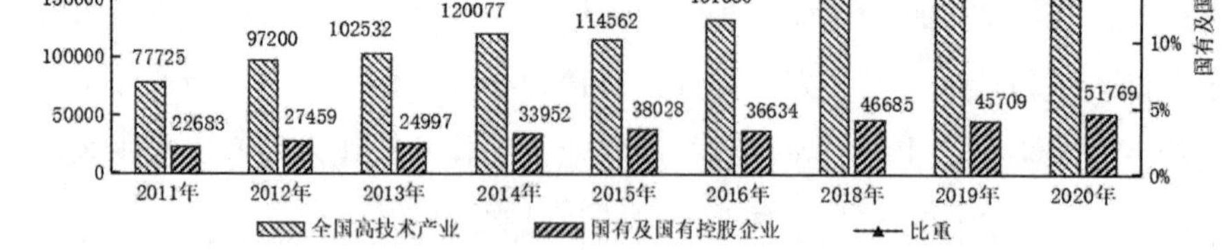

图 12－9　2011—2020 年国有及国有控股企业高技术产业专利申请总量情况②

① 数据来源：中国高技术产业统计年鉴。
② 数据来源：中国高技术产业统计年鉴。

由图 12－10 可知，国有及国有控股企业高技术产业专利申请数在整个高技术产业专利申请数中的占比在 2015 年波动增长至 33.2%，达到一个高峰，而自此之后一直到 2020 年呈现整体迅速下降的态势；另一方面，有效发明专利数占比情况基本相似，国有及国有控股企业高技术产业有效发明专利数占比在 2016 年达到 35.1%，但在 2016—2020 年间也迅速下降。由此可见，国有及国有控股企业在高技术产业领域内的创新能力有待进一步加强。

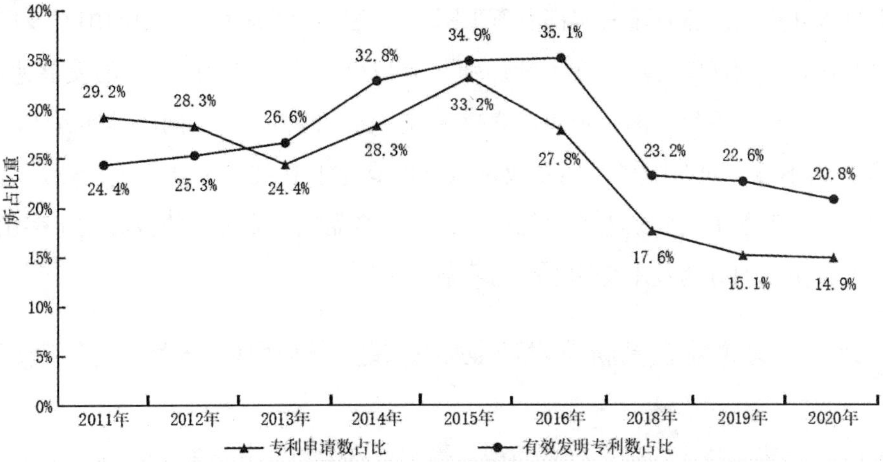

图 12－10　2011—2020 年国有及国有控股企业高技术产业专利申请数和有效发明专利数的占比情况①

结合 2011—2020 年国有及国有控股企业的技术创新投入与产出指标以及 2020 年高新技术企业中国有企业的经济指标和在产品出口贸易中的表现，进行综合分析，可得出一个结论，即国有企业在高新技术产业发展中没有发挥主导和引领作用。

一方面，主导性主要体现在控制权上，即主导高新技术产业的发展方向和水平。但分析 2020 年国有企业在高新技术产业中的综合表现，国有高新技术企业对全国高新技术产业工业总产值的贡献率仅为 6.48%，而且国有企业对我国高新技术企业出口贸易的贡献率仅有 3.4% 左右，且依旧有下降趋势。可见，国有企

① 数据来源：中国高技术产业统计年鉴。

业对高新技术产业提质升级的贡献率并不高，国有高新技术企业自身优势没有得到最大价值的利用。

另一方面，国有企业要在高新技术产业发展中发挥主导和引领作用，其作用发挥机制的关键一环就是高新技术。但通过对高新技术产业内国有及国有控股企业的技术创新投入和产出进行分析，发现自 2011 年后国有企业的技术创新投入和产出的绝对量都呈现上升的趋势，不过与整个高新技术产业内的企业对比就显示出投入和产出的相对量其实都有所下降。这说明高新技术产业中的国有及国有控股企业技术创新能力虽然在不断加强，但是相比整个产业内企业的发展速度，国有企业仍略显不足。国有企业普遍缺乏自主研发能力，主要问题其实并不在于 R&D 投入不够，而在于技术创新效率低。国有企业在技术创新和生产创新方面的效率低下阻断了全要素生产率的来源，导致产品或产品装备的核心技术多由外方掌握，企业拥有的技术总体上较为零散。

四、国有企业在高新技术产业中发挥主导和引领作用的对策建议

1. 国有大型骨干企业要在高新技术产业发展中发挥主力军作用

国有大型骨干企业是推进高新技术产业发展的主力军，高新技术产业发展的首要问题应聚焦到如何增强国有大型骨干企业的创新能力上。首先，从事传统产业生产的国有大型骨干企业要突破路径依赖性，借助高新技术转型升级，提升其产品的技术含量与附加值，对接国际一流水准；其次，必须真正建立起主业突出、技术特色鲜明、研发能力一流的自主创新体系，拥有自主知识产权和核心技术，形成有品牌优势和技术优势的拳头产品；最后，完善企业法人治理结构，强化企业内部管理，以一流的企业家精神为引领，通过形成优秀人才脱颖而出的机制培育强大的科技人才队伍，并形成浓郁的创新文化。

2. 建立以国有企业为主导的技术创新联盟

国有高新技术企业的战略目标应该是创造并维持高水平的技术创新效率并提

高科技成果转化率，以主导和引领高新技术产业的发展。但其战略目标和现实能力之间存在战略缺口，因此，国有企业要以我为主，通过与技术领先或技术互补的三资企业、高校与科研机构、其他类型企业等建立技术创新战略联盟，共享R&D资源、创造分工与协同效益、分担成本与主要的技术风险和市场风险以及学习合作方的体制与方法，以弥补自身战略缺口。将微创新思维嵌入技术创新联盟，促进官、产、学、研相结合，利用联盟优势走上引进、消化、吸收再到自主创新的良性循环道路。

3. 引进风险资本，主攻高技术含量和高附加值的高新技术领域

国有高新技术企业在技术含量和附加值高的领域发展相对滞后，主要原因是其高风险、高技术和高资金需求特征使得企业技术和融资能力难与之匹配。对此，国有企业可以引进风险资本来加快发展高技术含量和高附加值的产业。一方面，需要吸收风险资本的国有高新技术企业要从管理团队、技术和产品等多方面培育自身优势，吸引风险资本以完成技术与资本的对接，提升企业自主创新能力；另一方面，吸收风险资本成为风险企业后要积极与风险投资家和风险投资中介机构展开深度合作，共同进行技术、管理和市场等方面的价值增值探索。最后，待企业充分成长，就可以利用资本市场引导风险资本的退出，实现资本的有效配置和循环流动。

4. 培养专注于技术创新的科学研究型国有及国有控股企业

我国可以参照德国的以科学为基础且与生产相分离的内部研发实验室型企业，专门培养一批不参与产品生产，只专注于技术创新的科学研究型国有企业。这类科学研究型国有企业在产权制度上采取国家财产、风投公司和民营企业等共同参与的混合所有制模式；运营模式上选择与专门负责产品生产的企业开展长期合作，将技术创新与市场需求紧密结合起来，提高科技成果转化率；管理方式上完善市场化的管理者选拔聘用机制和考核激励方式，培养创新型的企业管理人才，创建学习型组织。

5. 加快完善国有企业孵化器平台

国有企业孵化器是以促进科技成果转化和扶植中小型高新技术企业为目标，助推高新技术产业发展为宗旨的盈利性服务平台。国有企业孵化器能够有力地推动“大众创新、万众创业”目标与国有企业改革目标相结合，通过内部创新和创业促进国有企业技术创新和体制创新。完善国有企业孵化器可参考两点：第一，国有企业孵化器要进行服务创新。在为孵化企业提供场地、人才、信息、管理和财务咨询、融资、技术等方面服务的基础上加入个性化服务平台，即根据重点孵化企业的需求进行全过程跟踪的个性化服务。第二，国有企业孵化器要完善盈利模式。在原本单一的政府出资模式中加入服务收益和股权收益，这不仅能保证孵化器的高效运作，多元化的投资主体还能促进国有企业的产权改革。

6. 发挥科技创新型企业家在推进国有高新技术企业发展中的示范引领作用

首先，需要在国有高新技术企业中打造一支具有技术创新和管理创新知识、经验、能力的创新型企业家队伍；其次，将企业主营业务中的一流技术专家培育成具有管理决策才能的科技型企业家，他们既兼具 R&D 能力与市场意识，又是企业技术创新的战略决策者和管理者；最后，国有企业要在促进组织结构扁平化、塑造创新文化和完善培训机制上下功夫，打造顺畅的企业家信息沟通平台，营造良好的企业家成长环境。

五、竞争类国有企业要学会技术营销

1. 竞争类国有企业的首要工作是开拓市场

竞争类国有企业在市场经济环境下的首要工作就是要找市场，就是要开拓市场，开拓业务。“开拓市场，开拓业务”是作为竞争类企业一切工作的重中之重。

市场是什么？市场就是客户，就是顾客，就是我们的服务对象。

面对激烈竞争的市场，企业的首要工作是开拓市场，服务客户，发展业务，拿到订单，创造效益。

没有市场，没有能力拿到订单，争取不到客户，作为竞争类的企业来说，你什么都不是，你什么价值都没有。

市场经济就是市场为“王”的经济，就是顾客价值为根本的经济，就是以企业经济效益为最终检验标准的经济。

2. 优秀的技术人员要冲到开拓市场的最前线

大多数国有企业从根本上来说还是市场驱动型公司，暂时还没有能力完全做到技术驱动，更没有能力做从 0 到 1 的原创性工作，但我们可以在别人 1.0 的基础上做到 1.1，1.2，1.3，1.4，1.5。小数点后面的数字就是我们为满足特定的客户需求而进行的应用性创新，也就是我们能够服务客户的价值所在。而应用性创新总是针对特定的客户需求、特定的应用场景、特定的技术问题，甚至是特定的技术难题而展开的。这个时候，正是技术专家大显身手的时候。技术专家只有亲自冲到市场一线去，亲自到客户那里去，才有可能针对客户的特定问题及特定的应用场景准确地识别客户需求，有效地发现客户需求，也只有这样才能够帮助企业更加精准地对接客户需求，更加有竞争力地争取到客户订单。

一个有竞争力的公司必须紧紧贴近市场，靠什么去贴近市场？靠的是能够真正解决客户问题的过硬产品。

产品是谁设计的？是工程师。

工程师是依据什么来设计产品？依据客户需求来设计产品。

谁能够真正识别客户需求？是我们真正懂得技术的技术人员。技术人员离开了市场就等于盲人摸象，就是闭门造车。技术与市场的精准对接是靠优秀的技术专家去实现的。

千变万化的市场是优秀技术专家的大显身手之地，那里才是技术人员搏击竞争市场、检验技术水准、施展自身才华的广阔舞台。

企业的生存和发展都取决于我们产品的市场竞争力；

技术人员的舞台也是在市场，技术人员的价值体现也是在市场。

工程师离开了市场，就等于鱼儿离开了水。

任何公司离开了市场，都是死路一条。

所以，大多数国有企业的唯一出路就是走技术营销之道，其根本的营销方针就是技术营销，其最需要凝聚的共识就是发力技术营销，全力开拓市场。

大多数国有企业要做大规模、提高效益，必须坚定不移走技术营销的发展道路。这是我们唯一的出路，也是我们根本的着力点！

企业的工程师不是科学家，工程师的研究与研发不是兴趣导向，而是客户导向、市场导向、需求导向、经济效益导向。处于高度竞争性领域的企业工程师必须牢固树立市场意识，深刻导入市场思维，真正做到面向市场、聚焦市场、研究市场、服务市场、深耕市场，真正做到有能力竞争于市场。企业是以市场论英雄的，企业的工程师也应该以市场论英雄。

因此，国有企业要大力推行技术营销，让技术人员与专职营销人员联合组成团队攻关营销模式，及时发现客户需求，准确识别客户需求，深度挖掘客户需求，有效满足客户需求，不断拓展客户需求，不断深化双方的长期深度合作空间。

优秀的技术人才要勇敢担当起引领国有企业发展的重大使命，这既是公司发展的需要，也是技术人员自身走向更加辉煌的职业生涯发展的需要。

3. 建立与培育优秀的工程师队伍

对于很多国有企业来说，工程师队伍强，公司就强；公司的技术营销做得好，公司的发展就会好，公司的前途就会光明。因此，建立和培育一支优秀的工程师队伍对许许多多的国有企业发展至关重要。为此：

工程师团队数量要充足，技术要高度专业，激励机制要强化，成长过程要注重培养，市场意识要强烈，拼搏精神要足，价值观要正，团队精神要好。

总之，技术营销一定要深刻地研究市场，同时要站在技术前沿，刻苦地钻研技术。要以市场为导向突破技术难题，以核心技术、优势技术强力支撑市场开拓。

强化市场意识，发力技术营销是许多国有企业、特别是高科技国有企业的一场深刻变革；技术营销也是对工程师的一场观念的革命、思维方式的革命、工作方式的革命，也是培养优秀工程师的必由之路。发力技术营销，可以让许许多多国有企业开拓出勃勃生机与崭新局面。

参考文献

[1] 国务院办公厅关于加强和改进企业国有资产监督防止国有资产流失的意见［Z］. 2015－10－30.

[2] 关于加强中央企业内部控制体系建设与监督工作的实施意见［Z］. 2019－10－19.

[3] 关于进一步推动构建国资监管大格局有关工作的通知［Z］. 2019－11－29.

[4] 中华人民共和国公司法（2018 年第四次修正）［Z］. 2018－10－26.

[5] 章博. 国有企业落实党风廉政建设"两个责任"的思考［J］. 无线互联科技，2014（07）：128＋254.

[6] 陈金祥. 加快建立国有资本经营预算制度——当前国有经济布局和结构战略性调整的根本保障［J］. 经济管理，2007（13）：6－8.

[7] 戴锦. 国有企业政策工具属性研究［J］. 经济学家，2013（08）：65－70.

[8] 黄速建. 中国国有企业混合所有制改革研究［J］. 经济管理，2014，36（07）：1－10.

[9] 綦好东，郭骏超，朱炜. 国有企业混合所有制改革：动力、阻力与实现路径［J］. 管理世界，2017（10）：8－19.

[10] 李钢，何然. 国有经济的行业分布与控制力提升：由工业数据测度［J］. 改革，2014（01）：124－137.

[11] 邱霞. 国有企业70年 [M]. 北京人民出版社：中华人民共和国史小丛书，2019：12，82.
[12] 刘凤义，李明. 深化国有企业改革需做实四个方面 [J]. 中国特色社会主义研究，2017 (03)：29-33+2.
[13] 肖勇. 浅谈国有企业社保面临的问题与对策 [J]. 人力资源管理，2014 (07)：308.
[14] 栾巨宝，刘毅刚，郝乐良，陈强民，李学刚. 审视国企管理，再探“三项制度改革” [J]. 中国新技术新产品，2012 (04)：228.
[15] 邹秋元. 兴华化工厂改制富余人员安置方案优化设计 [D]. 中南大学，2009.
[16] 王新建. 加强国有企业党建工作的几点思考 [J]. 现代企业，2015 (03)：40-41.
[17] 郑然涵. 关于完善我国国有企业法人治理结构的几点建议 [J]. 企业导报，2013 (07)：187-188.
[18] 文昌. 详解国企改革路线图 [J]. 新经济导刊，2012 (09)：42-47.
[19] 苗圩. 推动国有企业完善现代企业制度 [J]. 求是，2013 (22)：42-45.
[20] 萧冬连. 国有企业改革之路：从“放权让利”到“制度创新” [J]. 中共党史研究，2014 (03)：9-19.
[21] 罗良忠. 剥离性资产重组与上海国有大中型企业改革研究 [J]. 改革与战略，2008，24 (12)：174-177.
[22] 王健. 高新技术产业与国有企业发展 [J]. 辽宁经济，2001 (12)：6-7.

后　记

本书主要研究了我国及湖南省国有企业的基本情况，国有企业改革的历史进程与主要难点分析，推进国有企业改革的意义、原则与目标，如何推进国有企业结构优化与主业聚焦，如何实施国有企业的分类改革与国有资本的授权经营，如何推进国有企业混合所有制改革，如何实现坚持党的领导与完善公司法人治理结构的有机统一，国有控股集团公司如何优化管控模式，国有企业，特别是国有平台公司如何推进市场化转型升级，国有企业如何深化三项制度改革，如何推进国有企业的国有资产监管体系改革，并提出国有企业应当在高新技术产业发展中发挥主导和引领作用。

笔者长期研究国有企业改革问题，做了大量的调查研究，也做了一些关于国有企业发展战略、国有企业改革的咨询课题，并在大型国有企业担任管理顾问，对国有企业的改革与发展问题做了长期、持续、深入、系统的思考。现呈现在读者面前的就是笔者长期思考与研究国有企业改革问题的成果。

本书的研究由刘巨钦负责整体设计、主持和审定。具体研究和写作分工如下：第一章，刘巨钦、夏志虎、贺存志；第二章，刘巨钦；第三章，刘巨钦、冯嘉旺；第四章，刘巨钦；第五章，刘巨钦、郭利清；第六章，刘巨钦；第七章，刘巨钦、郭利清；第八章，刘巨钦；第九章，刘巨钦、冯玲；第十章，刘巨钦；第十一章，刘巨钦、龚昭明；第十二章，刘巨钦、冯嘉旺、贺存志、夏志虎。

在本书的前期研究中，张莉、李佳砾、李莉、王欢等同学参与了研究，并做出了贡献，在此一并表示衷心感谢。

在本书的研究中，参阅了一些专家的研究文献，从中获益良多，在此表示真诚的感谢！研究中的诸多不足之处，还请多多海涵并不吝指教。

最后，衷心感谢湘潭大学商学院对本书研究的大力支持。

衷心感谢湘潭产业投资发展集团有限公司对本书研究的大力支持。

衷心感谢湖南省社科基金“为改革攻坚献策”重大招标课题“我省进一步深化国有企业改革中的主要难题及破解对策研究”（15ZDA02）对本书研究的大力支持。

图书在版编目（CIP）数据

国有企业改革难点突破研究 / 刘巨钦等著. -- 湘潭：湘潭大学出版社，2022.3
ISBN 978-7-5687-0728-2

Ⅰ. ①国… Ⅱ. ①刘… Ⅲ. ①国有企业—企业改革—研究—中国 Ⅳ. ①F279.241

中国版本图书馆 CIP 数据核字（2022）第 042709 号

国有企业改革难点突破研究

刘巨钦 等著

责任编辑： 刘 丹
封面设计： 谈振威
出版发行： 湘潭大学出版社
社　　址： 湖南省湘潭大学工程训练大楼
电　　话： 0731-58298960 0731-58298966（传真）
邮　　编： 411105
网　　址： http://press.xtu.edu.cn/
印　　刷： 长沙鸿和印务有限公司
经　　销： 湖南省新华书店
开　　本： 787 mm×1092 mm 1/16
印　　张： 12.75
字　　数： 202 千字
版　　次： 2022 年 3 月第 1 版
印　　次： 2022 年 3 月第 1 次印刷
书　　号： ISBN 978-7-5687-0728-2
定　　价： 45.00 元